나를 키워 주는
생각의 힘!

노유경 지음　폴아 그림

소년한길

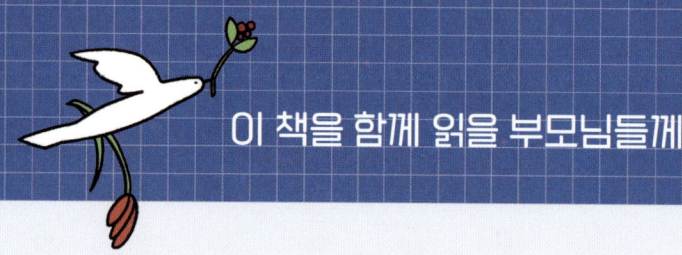
이 책을 함께 읽을 부모님들께

　최근 인공지능 기술의 폭발적인 성장으로 인해 곳곳에 많은 변화가 일어나고 있습니다. 기대와 걱정이 뒤섞인 반응을 어디서나 쉽게 접할 수 있지요.
　이미 미국의 몇몇 초등학교에서는 인공지능을 학습에 활용하는 시대가 되었습니다. 현재 기술이 성장하는 속도를 지켜보면, 지금 어린이들이 어른이 된 세상에서는 좋든 싫은 사람보다 더 똑똑해진 인공지능 알고리즘이 인간의 삶과 공존하는 모습일 것입니다. 우리는 지금까지 한번도 겪지 못했던 상황을 맞이하게 될 것이며, 현재의 많은 직업들 역시 사라지겠지요.
　저에게는 네 명의 어린 조카들이 있습니다. 또래 다른 아이들과 마찬가지로 유튜브가 추천해 주는 영상을 즐겨 보고, 휴대전화 속 인공지능 비서와 대화하는 것을 재미있다고 느낍니다. 저는 그런 조카들과 많은 시간을 보내면서 알려 주고 싶은 것들이 생겼습니다.
　그건 바로 내가 어떤 사람인지 스스로 알아 가며, 공감하고, 문제를 발견하고, 해결책을 찾아가는 과정입니다. 달리 말하면 인간과 기계를 구분하는, 인간만이 가진 특별한 능력이라고도 할 수 있을 것입니다. 이러한 능력은 어찌 보면 세상을 살아가는 데 가장 중요하지만, 학교에서는 가르쳐 주지 않지요. 저 역시 어른이 되고 나서도 한참 뒤에나 이런 과정을 몸에 익히는 것이 얼마나 중요한지를 깨닫게 되었습니다.

저는 미국 실리콘 밸리의 테크 인더스트리(Tech industry)에서 오랜 기간 일하며 이러한 변화를 만드는 흐름 한가운데 있었습니다. 실리콘 밸리의 IDEO, Google 등 혁신을 이끄는 회사에서 다양한 인종과 배경의 많은 사람들과 디자이너로 일하며 배운 가장 중요한 것은 바로 '문제 해결력'입니다. 문제 해결력을 갖춘 인재들은 불확실성을 해결하는 유연성과 창의성, 그리고 공감력을 지니고 있기 때문에 빠르게 변화하는 시대에 발맞춰 적응해 나갑니다.

디자인 컨설팅 회사인 IDEO는 '디자인 씽킹'(Design Thinking)이라는 방법으로 많은 회사들의 혁신을 돕고, Google에서는 제품을 론칭하는 과정에서 '디자인 스프린트'(Design Sprint)라는 개념을 통해 새로운 아이디어를 만듭니다. 각기 이름은 다르지만 문제 해결력을 높이고, 제품을 사용하는 사용자(User)를 이해하는 것에서 해결책을 찾는다는 공통점이 있습니다.

실제 비즈니스 환경에서 겪으면서 익힌 개인적인 경험을 통해, 만약 어린이 스스로 자신의 문제점을 찾고 또 능동적으로 해결책을 모색해 본다면 어떨까 생각해 보았습니다. 사실 어른이 되어도 자신을 이해하고 공감하는 건 여전히 어려운 일입니다. 때로는 눈앞에 놓인 문제들을 해결하는 것이 다른 사람들을 위한 좋은 아이디어를 떠올리는 것보다 힘들기도 합니다.

이 책에는 어린 조카들과 실제로 문제를 풀어 나가며, 그 과정에서 겪고 느낀 내용이 담겨 있습니다. 아이들과 함께 한 모든 과정이 즐거웠고, 또 스스로를 알아 가기 위해 노력하는 모습의 조카들을 보며 뿌듯함을 느꼈습니다. 그러다 보니 저와 제 조카의 경험을 책으로 펴내 공유하면, 다른 아이들도 이 책을 읽고 자신의 문제를 해결할 수 있는 힘을 기를 수 있을 거라는 생각이 들었습니다.

이 책을 통해 제가 알려 주고 싶은 다섯 가지는 다음과 같습니다.

◆ **첫째, 스스로를 관찰하고 공감하기**
자신의 행동과 감정을 관찰하고, '왜' 라는 질문을 통해 문제의 원인을 찾는 법을 배웁니다.

◆ **둘째, 해결하고 싶은 문제 고르기**
여러 가지 문제 중에 중요한 문제들을 가려내 우선순위 정하는 법을 배웁니다.

◆ **셋째, 아이디어 떠올리기**

자유로운 사고를 통해 다양한 아이디어를 떠올리는 법을 배웁니다.

◆ **넷째, 빠르게 실험해 보기**

완벽하지 않아도 스스로 생각해 낸 아이디어를 간단히 실험해 볼 수 있는 방법을 배웁니다.

◆ **다섯째, 다시 고치기**

때로는 개선점을 찾는 과정을 통해 더 나은 해결책에 다가갈 수 있습니다. 또한 실패했더라도 다시 시도할 수 있다는 자신감과 회복탄력성을 기릅니다.

물론 이 책 한 권을 읽는다고 해서 아이들이 단번에 창의적으로 바뀌지는 않겠지요. 하지만 끊임없이 스스로에게 질문하며, 실패해도 괜찮다는 마음가짐과 태도를 갖는 일은 무엇보다 중요합니다. 어린이를 위해 쓰인 책이지만 부디 부모님들도 이 책을 읽고 문제 해결 과정을 함께한다면 더욱 의미가 있을 것입니다.

2023년 12월
노유경

차례

	이 책을 함께 읽는 부모님들께	2
	왜 문제에 집중해야 하나요?	8
1장	스스로를 관찰하고 공감하기	27
2장	해결하고 싶은 문제 고르기	71
3장	아이디어 떠올리기	109
4장	빠르게 실험해 보기	141
5장	다시 고치기	165
	실패를 두려워하지 말고 자신을 믿어요	180

왜 문제에 집중해야 하나요?

우리가 생활하는 주변 환경을 한번 둘러볼까요? 책상, 의자, 스마트폰, 침대 등 많은 물건들이 보일 거예요. 대부분이 우리의 생활을 편하게 해 주는 물건들입니다. 일상의 크고작은 문제를 해결해 주기 위해 만들어졌기 때문이죠.

문제 ❶
오래 앉아 있으면
허리가 아픈 책상

문제 ❷
전화, 음악듣기, 정보 검색을 위해
필요한 여러 디바이스

문제 해결!
스탠딩 데스크

문제 해결!
스마트폰
혹은 태블릿 PC

어때요? 매일 무심코 사용하던 물건들이 이제 좀 다르게 보이나요?

아, 제 소개가 좀 늦었네요. 저는 UX(User Experience, 사용자 경험)디자이너예요. 사람들이 좀 더 쉽고 편하게 기계와 기술을 사용할 수 있도록 디자인하고 있습니다.

예를 들어, 인공지능 비서가 대신 전화를 걸어 식당을 예약해 주고, 집에 도착하기 전, 아무도 없는 집에 마법처럼 조명을 켜 주는 과정을 설계하거나 여러분이 좋아하는 스마트폰에서 사용하는 앱을 만드는 일을 합니다.

UX 디자이너로 일을 하면 동료들과 새로운 아이디어를 떠올리고, 그 아이디어를 어떻게 실제로 사용할 것인지에 대한 회의를 정말 많이 하지요. 그런데 회의를 시작할 때 늘 빠지지 않는 질문이 하나 있습니다.

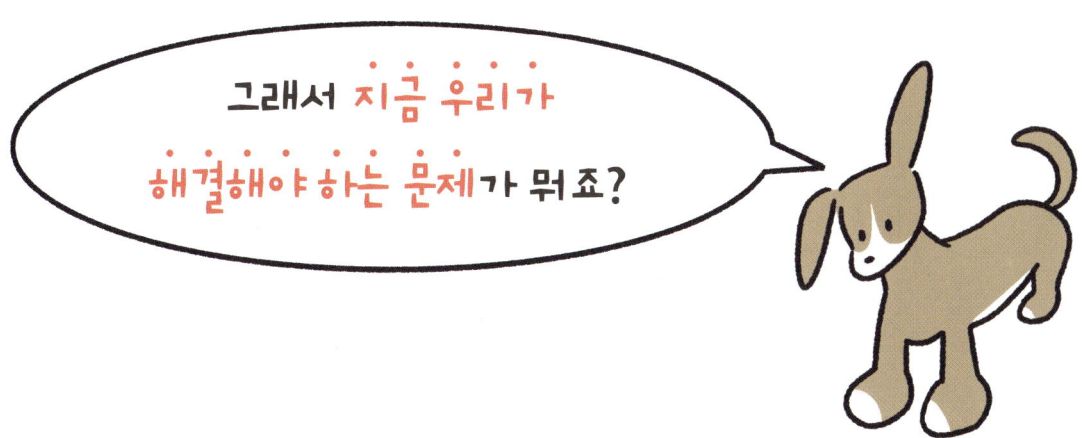

맞아요. 대부분의 사람들은 문제가 생기면 불평을 늘어놓습니다.

그런데 뒤집어서 생각해 볼까요? 문제가 발생했다는 것은 곧 기회가 생겼다는 뜻이기도 합니다. 문제를 해결하는 과정에서 새로운 아이디어가 떠오를 수도 있고, 더 나아가 그 해결책이 세상을 바꿀 수도 있기 때문이죠.

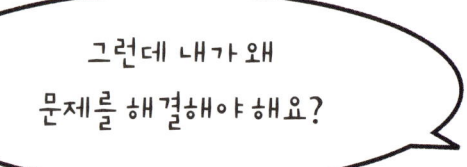

좋은 질문이에요! 지금까지는 부모님이나 다른 어른들이 여러분 대신 문제를 해결해 줬을 거예요. 어린이들에게는 당연한 일이죠.

또 여러분이 흔히 접해 왔던 문제는 수학이나 영어같이 답이 정해져 있는 시험 문제였을 거예요. 하지만 이렇게 정답이 정해져 있는 문제보다, 그렇지 않은 문제들이 세상에는 더 많답니다.

예를 들면, 나중에 어른이 되어 정한 직업이 싫어질 수도 있잖아요? 또는 좋아하는 일을 하게 되었어도 함께 일하는 동료와 성격이 맞지 않는다거나, 어려운 일을 맡게 되었다거나… 잘 생각해 보세요. 고민거리나 문제가 없는 사람은 아마 한 명도 없을 거예요.

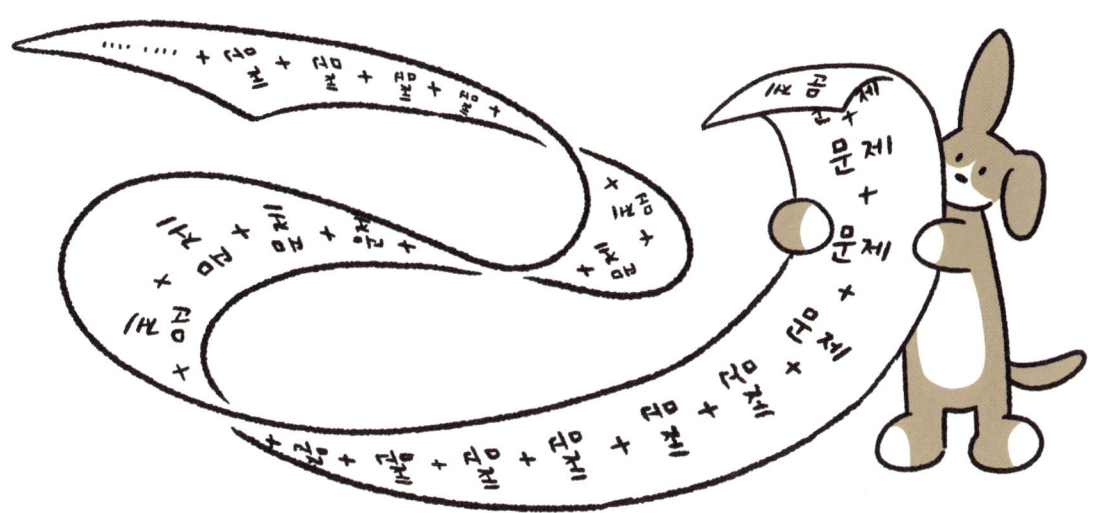

자, 그럼 문제를 해결하고 우리의 생활도 더 편리하게 만들어 준 생각들을 찾아볼까요?

혹시 가족과 여행을 갔을 때 에어비엔비(Airbnb)라는 서비스를 이용해 본 적이 있나요?

네, 맞아요. 에어비엔비는 여행을 떠난 사람들이 호텔이나 숙박 업체 대신 다른 사람의 집에서 지낼 수 있게 도와주는 서비스랍니다. 에어비엔비 앱을 이용하면 자기 집의 남는 공간을 호텔처럼 빌려줄 수 있지요.

집을 빌려주는 사람은 돈을 벌 수 있고, 집을 빌린 사람은 평소와 다르면서도 편안한 공간에서 색다른 여행을 경험할 수 있습니다.

그렇다면 에어비엔비는 어떤 문제를 해결해서 전 세계의 여행객들이 좋아하는 서비스가 되었을까요?

2007년, 샌프란시스코에서 회사를 차린 조 게비아와 브라이언 체스키에게는 한 가지 문제가 있었습니다. 바로 월세가 너무 비싸다는 것이었죠. 그리고 그때 샌프란시스코를 찾은 여행객들에게도 문제가 있었습니다. 샌프란시스코에서 큰 이벤트가 열려, 호텔 숙박비가 너무 비싼 데다 예약하기도 어렵다는 거였지요.

브라이언의 아이디어를 들은 누군가는 이렇게 말했어요.

"어떻게 알지도 못하는 사람의 집에서 잠을 잘 수 있지? 이건 말도 안 되는 생각이야!"

하지만 브라이언과 함께 에어비앤비를 세운 조 게비아는 분명 자신들과 같은 생각을 갖고 있는 사람들이 있을 거라 생각했죠. 그리고 그 믿음으로 자신들의 생각을 행동으로 옮겼습니다.

두 사람은 곧 여행객에게 공유할 다락방 공간을 홍보하기 위해 간단한 웹사이트를 만들었습니다. 그리고 나서 에어 매트리스 3개를 사 와, 여행객들이 편하게 쉬다 갈 수 있도록 공간을 꾸몄죠. 놀랍게도 얼마 후 3명의 여행객이 80달러씩 내고 그 공간에서 머물다 돌아갔습니다.

이 경험으로 두 사람은 스스로의 문제를 해결하기 위한 아이디어가 다른 사람들에게도 도움이 될 수 있다는 사실을 깨닫게 되었습니다. 그래서 자신들의 문제 해결 방법을 많은 사람이 함께 이용할 수 있도록 열심히 노력했고, 그 결과 에어비앤비는 전 세계의 사람들이 이용하는 여행 숙박 서비스가 되었습니다.

또 다른 예를 살펴볼까요? 다이슨 청소기는 전 세계의 많은 사람들에게 아주 인기가 많은 청소기예요. 가격이 비싼데도 말이죠. 다이슨 청소기가 나오기 전 대부분의 청소기들은 먼지 봉투를 사용했어요. 먼지가 꽉 차면 먼지 봉투를 바꿔 끼워야 하는 불편함이 있었지요. 먼지 봉투가 따로 있다 보니 청소도 깨끗하게 되지 않고, 디자인도 투박해서 그다지 예쁘지도 않았고요.

위생적이지 않을뿐더러
먼지 주머니를 갈아 끼워야 하는 청소기

대부분의 사람들은 이렇게 이야기했어요.

"청소기는 청소할 때만 쓰니까 예쁘게 생길 필요가 없어, 어차피 보이지 않는 구석에 보관하는걸."

"청소기에 먼지 봉투가 있는 건 당연한 거 아냐?"

하지만 다이슨의 창업자 제임스 다이슨의 생각은 달랐어요.

"우리가 쓰고 있는 청소기는 대체 왜 먼지를 잘 빨아들이지 못할까?"

"먼지 봉투가 연결되어 있는 방식 때문이구나! 먼지 봉투가 없는 청소기를 만들면, 성능도 훨씬 좋아지고, 사용하기도 쉽고, 디자인도 멋질 것 같아!"

그래서 제임스는 오랫동안 새로운 청소기를 만들기 위해 노력했어요. 그 결과 디자인도 멋지고 성능도 훨씬 좋은 청소기를 만들어 냈습니다.

그리고 이제 다이슨 청소기는 전 세계의 많은 사람들이 갖고 싶어 하는 가전제품이 되었습니다.

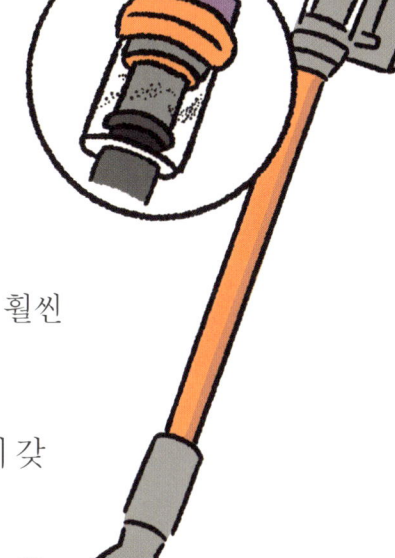

먼지통만 비우면 끝!

앞서 살펴본 두 사례의 공통점을 찾았나요?

셋 다 맞아요! 그런데 두 사례의 공통점은 한 가지 더 있어요. 단 한번에 해결책을 찾은 게 아니라 **끊임없이 테스트하고 고치는 과정을 반복**해서 문제를 해결했다는 사실 말이에요.

그들은 자신들의 생각을 실제 행동으로 옮겼을 때, 예상과 다른 결과가 나올 때가 더 많았다고 해요. 하지만 그 과정에서 실패하거나 잘 안 되는 부분이 있어도 포기하지 않고 계속 해결책을 찾아갔다고 합니다.

누구나 한번에 성공을 거둘 순 없어요. 그래서 우리 앞에 놓인 문제를 해결하기 위해 가장 필요한 준비물은 포기하지 않는 마음가짐일 거예요.

그럼, 이제부터 포기하지 않고 문제를 해결해 나가는 과정을 함께 연습해 볼까요?

문제를 해결하는 방법은 누구나 어렵지 않게 배울 수 있어요. 여러분처럼 어린이들도 스스로 여러 문제를 해결할 수 있죠!

스스로 문제를 찾고 창의적인 생각을 통해 좋은 해결책을 떠올리는 과정을 간단하게 정리하면 아래와 같아요.

참고로 이 방법은 세계 곳곳, 여러 회사에서 쓰이고 있답니다. 그리고 앞서 소개한 사람들처럼 세상에 없는 발명품을 만들거나 어마어마하게 큰 문제를 해결하기 위한 것도 아니에요.

하지만 우리가 이제부터 함께 익혀 나갈 다섯 과정은 앞으로 여러분이 커가면서 겪게 될 크고작은 문제를 해결해 나가는 데 분명 도움이 될 거예요. **시험 문제와는 다르게 정답이 없는 어려운 상황들**에 부딪히면 누구나 고민하기 마련이죠. 그렇기 때문에 다른 사람의 손을 빌리지 않고, **스스로 문제를 해결해 자신감을 기르는 연습**은 아주 중요해요.

여러 가지 아이디어 떠올리기

완벽하지 않아도 빠르게 실험해 보기

잘 되지 않은 부분 다시 고쳐 보기

1장 스스로를 관찰하고 공감하기

내 주변의 문제를 해결하기 위해 가장 먼저 해야 할 일은, 나와 내 주변 상황들에 대해 **공감하기** 입니다.

공감은 다른 사람의 입장에서 그 사람이 느끼는 감정을 나도 같이 느껴 주는 거예요.

예를 들어, 친한 친구의 강아지가 아프다면 그 친구가 느끼는 감정은 슬픔이겠죠? 만약 우리 반에 새로 전학 온 아이는 반에 아는 친구들이 없어서 무척 외로울 거예요.

이렇게 상대방의 감정을 이해하고, 내가 겪었다면 어땠을까 그 사람의 마음을 상상하는 태도가 바로 공감하기예요. 어렵지 않죠?

실제 회사에서도 공감하기를 통해 문제를 해결한답니다.

세계적으로 유명한 미국의 다국적 IT 회사 구글(Google)에서는 회의를 할 때 항상 강조하는 말이 있어요.

사용자란 어떤 제품이나 서비스를 사용하는 사람을 말해요.

칫솔로 매일 이를 닦는 사람은 칫솔의 사용자예요. 그럼, 스쿨버스의 사용자는 누구일까요? 자동차를 운전하는 어른, 그리고 스쿨버스를 타고 다니는 학생 모두가 사용자랍니다.

사용자를 가장 중요하게 생각해야 하는 이유는 무엇일까요?

제품이나 서비스를 사용하는 사람이 누구인지, 무엇을 필요로 하는지 잘 이해한다면 사용자가 원하는 것을 더 잘 만들 수 있기 때문이죠.

좋은 제품을 만들기 위해서는 사용할 사람이 무엇을 좋아하고, 어떤 것을 필요로 하는지 알고 있어야 해요. 다시 말해 사용자에게 잘 공감해야 좋은 아이디어를 떠올리고 좋은 제품을 만들 수 있지요.

그렇다면 어떻게 해야 내가 아닌 다른 사람의 입장에서 문제를 이해할 수 있을까요? 가장 쉬운 방법은 관찰하는 거예요.

아래 그림을 함께 살펴볼까요?

재신이는 동생 태신이가 이 닦는 걸 왜 싫어하는지 관찰해 보았어요.

6살 태신이의 주장

- 이 닦는 것은 재미없다.
- 엄마 말대로 구석구석 이를 닦는 것은 어렵다.
- 나는 손이 작아서 이를 닦으면 힘이 든다.
- 얼마 동안이나 이를 닦아야 하는지 모르겠다.

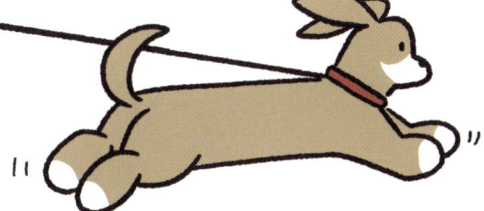

태신이처럼 이 닦는 걸 싫어하고 어려워하는 어린이들은 많아요. 그래서 이런 문제를 해결하기 위해 만들어진 앱도 있어요. 바로 브러시몬스터(Brush Monster)란 앱이에요.

스마트폰으로 앱을 실행하면 귀여운 칫솔 괴물이 등장해 이를 어느 방향으로 얼마나 닦아야 하는지 알려 준답니다. 이 앱을 만든 사람은 이를 닦기 싫어하는 어린이의 생각을 관찰하고 이해했기 때문에 이런 프로그램을 만들 수 있었겠죠?

또 다른 예를 살펴볼게요. 아이디오(IDEO)라는 회사는 널리 알려진 디자인 회사예요. 세상에서 가장 혁신적인 회사라고 평가받기도 한답니다.

한번은 어떤 병원이 좀 더 좋은 환경에서 환자들이 치료를 받을 수 있게 해 달라고 이 회사에 새로운 디자인을 부탁했습니다.

이 문제를 해결할 디자이너는 가장 먼저 무엇을 했을까요?

동영상 촬영이 가능한 카메라를 들고 병원 응급실에 환자가 되어 찾아갔지요. 그러고 나서 서류를 접수하고, 병원 침대에 누워서 의사를 기다리는 과정까지, 직접 환자가 되어 체험한 과정을 동영상으로 촬영했습니다.

환자를 위한 디자인을 하려면 환자의 마음을 공감해야 하니, 자신이 환자가 되어 보는 방법이 가장 좋을 것이라 생각한 거죠.

디자이너가 촬영한 영상은 병원 관계자 모두를 깜짝 놀라게 했지요. 대체 어떤 장면이 그렇게 놀라웠을까요?

바로 병원 침대에 누워 기다리며 아무것도 없는 하얀 천장만 6분 동안 바라봐야 했던 부분이었습니다.

병원에서 일하는 사람들은 이 영상을 보고 나서야 자신들이 별 생각 없이 지나친 과정들이 환자들에게는 얼마나 불안하게 느껴질지 모두 공감했고, 환자를 위한 환경을 더 좋게 만들 수 있었답니다.

혹시 여러분 중에 병원 가는 걸 좋아하는 사람 있나요? 아마 없겠죠? 병원을 무서워하는 어린이 환자들의 마음을 헤아려 진료 환경을 훨씬 즐겁게 바꾼 병원도 있답니다.

어느 날, 더그 다이어츠라는 디자이너는 어린 딸이 자신이 디자인한 검사 기계에 들어가기 싫어하며 우는 모습을 보게 되었습니다. 몸속 상태를 확인하기 위해 병원에서 사용하는 촬영 기계 안으로 혼자 들어간다고 상상하면 어떻게 느껴지나요? 낯설고 무섭지 않을까요?

그래서 더그 다이어츠는 어린이 환자를 위해 병원의 촬영 방을 탐험하는 놀이공원처럼 꾸미고, 좁은 기계 안에 들어가는 과정도 특별한 캠프 침낭에 들어가는 재미있는 경험처럼 디자인해 바꿨답니다.

당연히 어린이들은 이전보다 병원을 무서워하지 않게 되었고, 의사 선생님들 역시 더 수월하게 진찰을 할 수 있게 되었죠.

지금까지 실제로 어른들이 회사에서 사용자의 문제를 이해하고 공감해서 좋은 해결책을 생각해 낸 몇 가지 이야기를 알아 보았습니다.

그런데 이 방법은 여러분에게도 똑같이 적용해 볼 수 있답니다. 나의 행동을 관찰하고 마음을 공감하면, 평소 몰랐던 내가 가진 문제들을 해결하고 나만의 좋은 해결책을 얻을 수 있거든요.

물론 내 생각과 마음에 공감을 잘하려면 몇 가지 준비와 연습이 필요합니다. 사실 많은 어른들도 어색해하고 어려워하는 일이라서, 그 만큼 많은 연습이 필요하지요.

나 자신을 공감하기 위해서는 지금 내가 느끼는 감정을 깨닫고, 왜 그런 감정을 느꼈는지 스스로에게 질문을 해야 합니다.

감정이란 어떤 일이 일어났을 때, 무언가를 보고 들었을 때, 또는 다른 사람과 시간을 보냈을 때 느껴지는 마음이나 기분을 말합니다. 우리가 평소 느끼는 감정의 종류는 생각보다 무척 다양하답니다. 그러니 찬찬히 지금 나의 감정이 어떤지 살펴보는 것부터 시작해 보세요. 최근에 겪은 일들을 차분하게 떠올리며 자신의 감정을 느껴 보는 것도 좋은 방법입니다.

최근에 어떤 감정을 느꼈는지 떠올려 볼까요?

나는 그림 그릴 때 기분이 너무 좋아.

어젯밤에 늦게 자서 엄청 졸리고 피곤해.

나는 원반던지기 할 때가 제일 좋아.

친구랑 말다툼해서 마음이 울적해.

형아, 나는 자동차 장난감을 갖고 놀 때가 가장 재미있어.

하루에도 몇 번씩 우리의 감정은 변합니다. 기분이 좋았다가도 갑자기 엄청 나빠지기도 하죠. 웃고 있다가 별안간 울고 싶어질 때도 있고요.

우리는 로봇이 아니니까 감정이 계속 바뀌는 것은 당연한 일입니다. 나와 함께 시간을 보내는 사람들, 내가 하는 말과 행동, 그리고 주변 환경에 따라 감정은 계속 바뀌니까요.

그리고 우리는 모두 다르죠. 똑같은 조건과 환경에서도 각자 다르게 생각하고 느끼는 게 당연해요.

자신이 느꼈던 감정에 집중하며 스스로에게 질문을 했더니, 지민이는 그림 그리는 걸 누구보다 좋아하고, 재신이는 잠을 못 자면 몸이 피곤해진다는 걸 알게 됐죠. 또 유신이는 친구와 다투면 기분이 나빠지고, 태신이는 자동차 놀이를 좋아한다는 걸 알게 됐어요.

이렇듯 순간순간 내 감정이 어떻게 변했고, 왜 그랬는지 곰곰히 생각해 보세요. 이러한 연습을 많이 할수록 내가 잘하는 것은 무엇이고, 어떤 것을 좋아하는지가 또렷해집니다. 다른 사람과의 차이점을 깨닫고 내가 어떤 사람인지 잘 알게 되면, 내 생각과 마음을 훨씬 더 쉽게 공감할 수 있어요.

그럼, 이제부터 스스로를 잘 관찰할 수 있는 방법 몇 가지를 함께 알아봅시다.

❶ 기록하기

나를 관찰하는 쉬운 방법 중 하나는 감정을 기록하는 거예요. 조건과 상황에 따라 우리의 감정은 계속 바뀌니까, 아래에 있는 질문을 참고해 매일매일 꾸준히 기록해 봅시다. 기록하지 않으면 금방 잊게 되니까요.

지금 나의 기분은 어떤가요?
어떤 상황에서 그런 기분을 느꼈나요?
지금 나는 어떤 행동이나 말을 하고 있나요?

지민이의 이야기 ①

다양한 상황에서 나의 감정이 어떻게 변하는지를 알아채고 기록하는 것처럼, 내 문제를 해결하는 또 다른 방법은 나의 행동과 이에 따른 결과를 객관적으로 관찰하는 거에요.

나를 관찰하는 방법은 간단히 거울을 이용해 살펴보기, 내 행동을 영상으로 녹화해 보기 등이 있어요. 우리는 평소에 스스로를 바라볼 수 없기 때문에 이런 방법을 사용한다면 몰랐던 나의 습관이나 행동을 발견하게 된답니다.

처음에는 어색할 수 있지만, 문제가 왜 생겼는지 이해하고 싶다면 한번 시도해 보세요. 저 역시 중요한 발표를 하기 전에 발표 연습을 녹화해 관찰한답니다. 그러면 어떤 발음이 이상한지, 목소리를 어떻게 내면 더 좋을지 알 수 있거든요!

재신이의 이야기 ①

다음 날

❷ 다른 사람의 의견을 열린 마음으로 경청하기

또 다른 방법은 가족이나 친구들의 의견에 귀를 기울이는 거예요.

가족이나 친구처럼 나와 가까운 사람들은 나를 누구보다 소중하게 아껴 주는 사람들이죠. 그런 사람들이 건네는 말은 주의 깊게 들어 봐야 해요. 자칫 내가 모르던 나의 모습을 알게 될 때가 많거든요. 가까운 사람들의 말을 통해 겉으로 드러난 나의 버릇이나 행동을 살펴보고, 그때 나의 기분이 어땠는지 떠올려 봅시다.

앞에서 이야기한 것처럼 우리는 평소 스스로의 모습을 볼 수가 없고, 가족이나 친구들은 내가 알지 못하는 나의 행동을 자주 볼 수 있는 사람들이기 때문이죠.

이때 무엇보다 중요한 준비물은 바로 열린 마음입니다. 그런데 마음을 연다니, 대체 어떤 의미일까요?

우리는 모두 다른 사람들이기 때문에 당연히 다른 생각을 갖고 있습니다. 처음에는 누구나 다른 의견을 불편하게 생각할 수 있어요. 하지만 모든 사람이 똑같은 것만 좋아하고 똑같이 생각한다면, 세상은 정말 재미가 없겠죠? 어딜 가나 비슷한 것만 있고 새로운 경험을 하기 어려울 테니까요. 그렇기 때문에 다양한 시각을 받아들이기 위해서는 먼저 아래처럼 생각해 보세요.

'이 사람이 어떤 생각을 갖고 있는지 궁금한데?'
'아, 이 사람은 이렇게 생각할 수 있겠구나!'

이렇듯 상대방의 이야기를 들어보려고 하는 자세가 바로 열린 마음입니다.

하지만 이때 주의해야 할 점이 있어요. 모든 사람의 의견을 모조리 다 받아들일 필요는 없답니다. 나중에 어른이 되면 어떤 의견을 받아들이고, 어떤 의견을 받아들이지 말아야 한다는 기준을 세울 수 있겠지만, 지금은 그저 나를 소중하게 생각하는 가족, 선생님 그리고 친구들이 나에게 반복적으로 건네는 이야기를 열린 마음으로 경청하는 것만으로 충분하답니다.

자, 그럼 나의 소중한 사람들의 말을 통해 알게 된 나의 버릇이나 행동을 살펴봅시다. 그리고 그때 나의 기분이 어땠는지, 왜 그런 행동을 했는지 생각해 볼까요?

재신이의 이야기 ②

❸ "왜?" 질문하는 습관 기르기

"왜?"라는 질문을 "왜?" 해야 하냐고요? 그건 내가 왜 그렇게 느끼고 행동했는지 더 잘 알 수 있기 때문이죠. 질문의 답을 찾았어도 **세 번 더 "왜?"** 라고 스스로에게 물어보세요. 여러 번 질문할수록 더 많은 정보를 얻을 수 있을 테니까요.

어떤가요? 이제 여러분도 멍구가 왜 우울한지 알 수 있을 것 같나요?

왼쪽에 있는 예시처럼 내가 느낀 감정의 이유를 생각해 보고, 그 감정을 느꼈을 때 내가 어떤 행동이나 말을 했는지 자세하게 글로 적어 보세요. 그 뒤에 내가 쓴 글을 읽고 친구의 마음을 공감하듯, 내 감정에 공감해 봅시다.

어렵지 않죠?

지민이의 이야기 ②

이 책을 읽는 친구들도 지민이의 기분을 함께 느껴 볼까요?

만약 내가 지민이와 똑같은 상황에 처했다면 어떤 기분일지, 혹은 어떤 말과 행동을 할지, "왜?"라는 질문을 하며 지민이에게 공감해 봅시다.

앞 내용을 정리해 볼까요?

1. **공감**은 다른 사람의 입장에서 그 사람이 느끼는 감정을 나도 같이 느끼는 거예요. 슬퍼하는 친구가 있으면 그 이유를 생각해 보고 나 역시 친구의 슬픈 감정을 함께 느끼려 노력하는 거죠. 우리는 공감을 통해 서로를 더 잘 이해할 수 있어요. 사용자의 마음을 공감함으로써 더 좋은 아이디어를 낼 수 있었던 앞선 내용처럼 말이에요.

2. 나 자신에 대해 잘 알지 못하고 공감하지 않는다면 다른 사람도 공감할 수 없겠죠. 그리고 스스로의 문제도 해결하기 어려울 거예요. 나를 위한 좋은 해결 방법을 찾기 위해서는 **스스로를 공감하고 이해하려는 태도**가 무엇보다 중요합니다.

3. 스스로를 공감하기 위해서는 수시로 변하는 나의 감정을 잘 알아차리는 것이 가장 중요합니다. 나의 기분은 주변 환경이나 주위 사람 등 여러 원인에 의해 계속 변하기 때문이죠. 무엇 때문에 나의 감정이 바뀌는지 알기 위해서 스스로를 관찰하고 기록해 봅시다.

4. 내 감정이 변하는 원인을 찾고 싶다면 '왜?'라고 스스로에게 계속 질문합니다. '왜?'라는 질문은 나도 미처 깨닫지 못했던 이유를 찾을 수 있게 도와주는 중요한 도구랍니다. 문제에 부딪혔을 때, '왜?'라고 여러 번 물어볼수록 더 많은 정보를 알아낼 수 있기 때문이에요.

Activity ❶ 나의 감정 관찰하고 기록하기

아래에 있는 질문에 따라 나의 감정을 하루에 세 번 이상 기록해 보세요.

감정이 변할 때마다 최대한 자세하게 기록해 봅시다.

 지금 나의 기분이 어떤지 골라 보세요.

 그 기분을 느낀 상황은 어땠나요?

....

....

....

그 기분을 느꼈을 때, 나는 어떤 행동이나 말을 했나요?

Activity ❷ 다른 사람의 의견 경청하기

다른 사람들의 말에 귀 기울이면 잘 알지 못했던 내 모습을 알 수 있습니다. 아래 질문을 따라 대답하다 보면, 나의 말과 행동을 객관적으로 바라볼 수 있어요.

 최근 일주일 동안 부모님이나 선생님 또는 친구들에게 가장 많이 들은 이야기는 무엇인가요?

....

 나는 왜 그런 행동이나 말을 했을까요?

....

....

나에 대해 새롭게 알게 된 점은 무엇인가요?

....
....
....

다른 사람들의 이야기를 통해
잘 몰랐던 나 자신의 이야기를 들은 기분은 어떤가요?

....
....
....
....

어른들은 회사에서…

디자이너에게 가장 중요한 것은 자신이 디자인할 제품이나 서비스의 사용자를 이해하고 공감하는 자세입니다. 공감을 통해 새로운 것들을 발견할 수 있듯이 사용자를 잘 이해해야 좋은 해결 방법을 찾을 수 있기 때문이죠.

디자이너가 어떤 일을 시작할 때 가장 먼저 하는 일은 사용자를 이해하기 위한 <mark>사용자 조사(User Research)</mark>예요. '조사'는 무언가를 알기 위해 찾아보고 연구하는 과정입니다. 제품을 사용할 사용자가 어떤 사람이고, 무엇을 좋아하며, 또 어떤 점을 불편해할지 자세히 알아 봐야 한답니다.

사용자 조사는 여러 방법으로 할 수 있어요. 가장 쉬운 방법은 제품을 사용할 사람들과 인터뷰를 하는 것입니다. 궁금한 것을 직접 물어보고 답을 들으면서 많은 정보를 얻을 수 있기 때문이죠.

인터뷰를 할 때는 사용자의 집에 가서 이야기를 나누며 어떻게 생활하는지 관찰하고 같이 쇼핑을 하거나 외출을 하기도 합니다. 왜냐고요? 사용자의 편에 서서 생각하고 행동하며 관찰하기 위해서죠.

그런데 이 방법은 공감하기도 쉽고, 깊은 대화를 나눌 수 있지만, 많은 사람들의 의견을 다 들으려면 많은 시간이 필요하다는 단점이 있답니다.

그리고 어떤 경우에는 많은 사람의 생각을 알아봐야 할 때도 있어요. 그럴 때는 '설문 조사'를 합니다. 많은 사람에게 알고 싶은 점에 대한 질문지를 만들어 의견을 얻는 방법이죠.

그 밖에 사용자의 데이터를 사용하는 방법이 있습니다. 데이터는 숫자, 글자, 사진 등으로 나타낼 수 있는 정보들을 말해요. 데이터를 모아서 분석하면 앞의 방법과는 달리 사용자와 직접 이야기했을 때 몰랐던 사실을 발견할 수 있어요. 예를 들어, 데이터 분석을 통해 주말에는 평일보다 더 많이 잘 팔리는 물건이 무엇인지, 또 주말에 어떤 사람들이 그 물건을 많이 사는지처럼요. 데이터 분석을 통해 우리는 몰랐던 문제를 발견하고 사용자의 생각과 행동을 읽을 수 있답니다.

어때요, 앞서 여러분이 스스로를 공감하려고 썼던 방법들과 비슷한 점이 많죠? 어른들이 회사에서 사용하는 방법은 이 밖에도 더 있지만, 공통점은 사용자를 이해하고 공감하는 자세야말로 문제를 해결하는 훌륭한 출발점이라는 것이죠.

2장 해결하고 싶은 문제 고르기

나 자신을 관찰하고 감정을 기록하는 과정은 어땠나요?

스스로에 대해 새롭게 알게 된 점이 있나요?

음, 처음에는 내 기분이 어떤지
아는 것이 쉽지 않았어요.
기분이 자주 바뀌니깐
언제 바뀌었는지도 몰랐던 경우도 많았고요.
그런데 한번은 갑자기
얼굴이 빨개지고 식은땀이 났어요.
왜 그런지 곰곰이 생각해 보니
내가 지금 당황하는 감정을
느끼고 있다는 걸 깨달았어요.

자신의 감정을 알아 가다 보면, 해결하고 싶은 문제가 저절로 생겨날 거예요. 감성을 정확하게 파악할수록 나의 기분을 즐겁게 만들고, 또 내가 잘하고 좋아하는 일도 알게 되지만, 반대로 기분이 언짢거나 불편해지는 상황도 알게 되니까요.

그러다 보면 내 기분을 상하게 만드는 상황들을 해결하고 싶은 마음도 생기기 마련입니다.

나에 대해 새롭게 알게 된 점들과 해결해 보고 싶은 문제의 원인을 발견했다면, 다음 과정은 해결하고 싶은 문제를 고르는 것이에요. 모든 문제를 한꺼번에 해결할 수 없기 때문이죠.

크고작은 문제를 해결하는 데에는 시간이 걸리기 마련이고, 어떤 문제는 우리가 아무리 노력해도 바뀌지 않는 것일 수도 있어요. 또 어떤 문제는 가능한 한 빨리 해결해야 할 수도 있고, 어떤 문제는 시간이 흐른 다음 나중에 해결해도 돼죠.

그래서 나만의 기준에 따라 먼저 해결할 문제를 선택해야 하는데, 이것을 '우선순위'를 정한다고 합니다. 여러 가지 중에서 무언가를 선택해야 할 때 가장 중요한 것을 먼저 선택하는 것이죠..

우선순위를 정하기 위해서는 기준이 필요합니다. 다음 세 가지 기준에 따라 우선순위를 정해 볼까요?

1. 내가 해결할 수 있는 문제

2. 나에게 영향을 많이 주는 문제

3. 부정적인 감정을 느끼게 하는 문제

❶ 내가 해결할 수 있는 문제와 아닌 문제 구별하기

내 스스로 모든 문제를 해결할 수 있다면 좋겠지만, 그건 이 세상 그 누구도 할 수 없어요. 그래서 내가 해결할 수 있는 문제에 집중해야 합니다.

아무리 중요한 문제여도 내가 해결할 수 없는 문제에 신경을 쓰는 것보다 내가 해결할 수 있는 문제에 집중하는 게 더 효과적이겠죠? 예를 들어, 이미 일어난 과거의 일은 타임머신이 개발되기 전까지는 바꿀 수 없어요. 그보다 왜 그런 일이 일어났는지 생각해 보고, 앞으로 같은 실수를 반복하지 않도록 집중하는 자세가 훨씬 더 중요해요.

내가 해결할 수 있는 문제

좋지 않은 나의 기분

친구와 다툼

지저분한 내 방

밀려 있는 숙제

준비물을 깜박하는 습관

내가 해결할 수 없는 문제

내가 싫어하는 날씨

이미 일어난 일들

나에 대한 다른 사람들의 생각과 의견

내가 아닌 다른 사람들의 성격

❷ **나에게 영향을 많이 주는 문제부터!**

　나에게 영향을 많이 주는 문제는 내 생활에 커다란 변화를 불러일으킵니다. 예를 들어, 가족 중 누군가 아프면 시험 성적도 떨어질 테고 친구들과의 사이가 멀어질 수도 있겠지요. 여러분들에게 중요한 것은 무엇인가요? 곰곰히 생각해 보세요.

내게 중요한 문제들은 아래의 문제보다 훨씬 우선순위가 높겠죠?

여러분의 생각은 어떤가요?

게임을 더 많이 하고 싶은데 그럴 수가 없다.

초콜릿을 더 먹고 싶은데 먹을 수가 없다.

모기가 윙윙 거린다.

최신 스마트폰이 없다.

소셜 미디어에서 친구보다 인기가 없다.

예전에 생겼던 일을 계속 걱정한다.

아이돌처럼 멋진 옷이 없다.

일어나지 않은 일에 대해 미리 고민한다.

새 운동화가 없다.

❸ 나에게 부정적인 감정을 주는 문제부터!

감정을 느낄 수 있기 때문에 우리는 더욱 즐겁게 생활할 수 있습니다. 친구들과 놀아도 재미를 못 느끼고, 어려운 수학 문제를 풀었는데도 성취감을 느낄 수 없다면 우리의 생활은 얼마나 지루할까요? 마치 로봇들만 가득한 세상 같겠죠?

또, 좋은 감정처럼 부정적인 감정을 느끼는 것도 중요하답니다. 만약 위험한 곳에 갔는데 무서운 느낌이 들지 않거나, 지저분한 것을 만졌는데도 기분이 나쁘지 않다면 우리는 좋지 않은 행동을 계속하게 되겠죠? 이처럼 부정적인 감정은 뇌가 보내는 경고인 셈입니다.

그런데 기분이 좋지 않은 상태였던 때를 한번 떠올려 볼까요? 평소에 잘하던 것도 하기 싫어서 안 하게 되고, 또 친구들과도 잘 어울리지 않게 되지 않았나요?

부정적인 감정이 너무 많이 생기면 결국 행동에도 좋지 않은 영향을 미치게 됩니다. 그래서 내가 부정적인 감정을 느끼고 있다면 빨리 알아차리고 왜 그런 기분이 들었는지 이해하는 게 중요합니다.

나에 대해 새롭게 알게 된 점

1. 작은 일에도 쉽게 화가 난다.

    (예를 들어 친구가 펜으로 딸깍거리는 소리를 내는 경우)

소리가 너무 너무 시끄러!!

2. 숙제가 많아지니 점점 숙제하는 걸 미룬다.

3. 새로운 것을 시도할 때 너무 오래 고민한다.

말할까 말까?

4. 나에게 잘 어울리는 스타일을 알고 있다.

5. 역사 책 읽는 것이 즐겁다.

6. 친구에게 칭찬을 잘 하지 않는다.

7. 잘 웃는다.

8. 고민이 있는 친구의 이야기를 잘 들어 준다.

이렇게나 많이 발견해 냈다니, 정말 훌륭해요! 지민이가 발견한 새로운 점들을 하나씩 자세하게 살펴봅시다. 여러분도 어떤 것이 지민이의 장점이고, 어떤 것이 지민이가 해결할 문제일지 함께 생각해 볼까요?

1. 작은 일에도 쉽게 화가 난다.

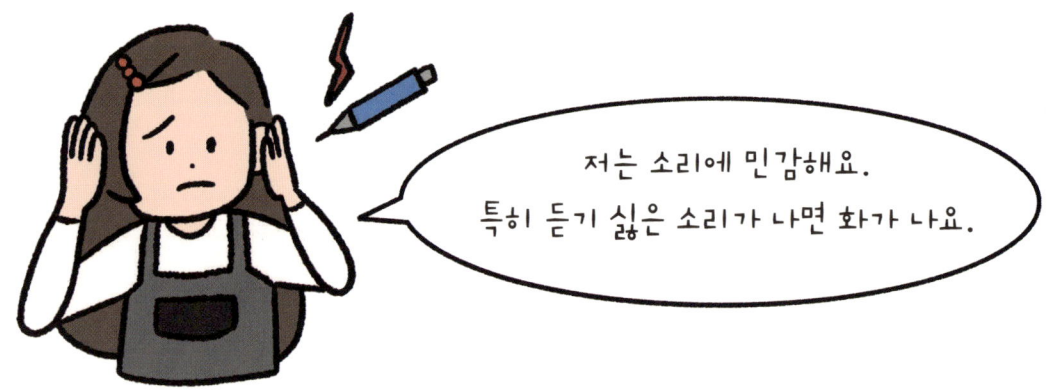

저는 소리에 민감해요. 특히 듣기 싫은 소리가 나면 화가 나요.

자신이 싫어하는 일이 벌어져 기분이 상하는 건 자연스러운 일입니다.

하지만 구체적으로 어느 상황에 화가 났는지, 그리고 반복되는 패턴이 있는지 파악하면, 기분이 나빠지는 상황을 피할 수 있을 거예요.

2. 숙제가 많아지니 점점 숙제하는 걸 미룬다.

> 숙제를 해야하는 건 알고 있는데 바로 하지 않고, 좋아하는 책을 먼저 읽어요. 그런데 밀린 숙제가 계속 떠올라서 기분은 좋지 않아요.

저도 어렸을 때 이런 습관이 있었던것 같아요. 하지만 미룬 숙제 때문에 기분이 좋지 않은 것보다 숙제를 먼저 하고 즐거운 마음으로 좋아하는 책을 읽으면 기분이 좋겠죠?

3. 새로운 것을 시도할 때 너무 오래 고민한다.

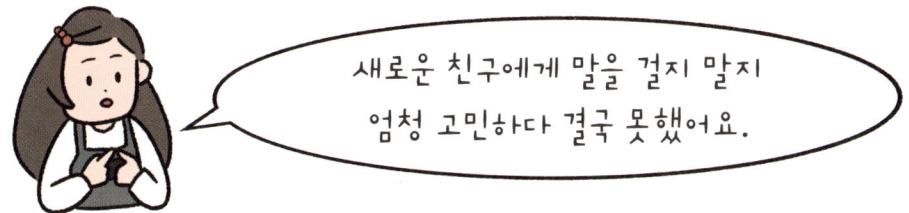

> 새로운 친구에게 말을 걸지 말지 엄청 고민하다 결국 못했어요.

자신의 결정과 의견에 대해 깊이 생각하는 자세는 거꾸로 생각하면 좋은 점일 수도 있습니다. 하지만 반대로 신중한 행동이 어떤 결과를 불러일으킬지 생각해 볼까요?

4. 나에게 잘 어울리는 스타일을 알고 있다.

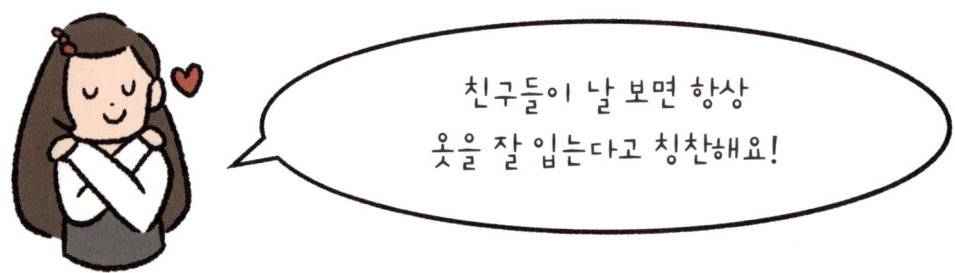

친구들이 날 보면 항상 옷을 잘 입는다고 칭찬해요!

자신에게 어울리는 옷을 입고 나갈 때는 기분이 좋아지죠.

이렇듯 나쁜 기분을 좋은 기분으로 바꿀 수 있는 나만의 팁을 만들어 봐요.

5. 역사 책 읽는 것이 즐겁다.

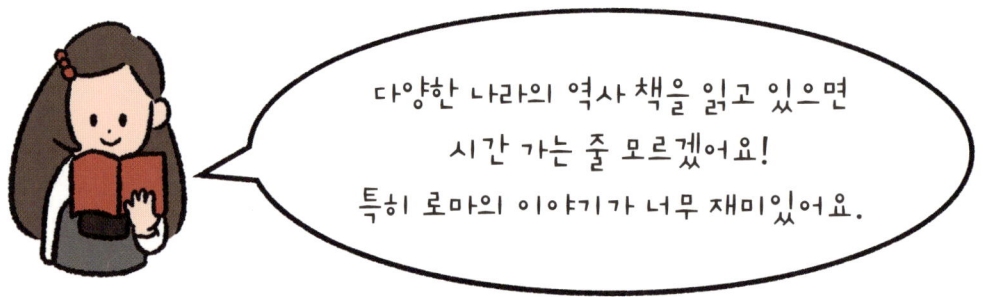

다양한 나라의 역사 책을 읽고 있으면 시간 가는 줄 모르겠어요! 특히 로마의 이야기가 너무 재미있어요.

책을 통해 새로운 분야를 알아 가는 즐거움을 알게 되었군요!

다양한 분야의 책을 읽으며 나의 관심 분야를 찾는 자세도 아주 바람직해요.

음, 다른 사람을 칭찬하면 왠지 내가 지는 것 같은 기분이 들어요. 하지만 그게 아니라는 것을 아빠가 알려 주셨어요.

선생님이 내가 항상 잘 웃는다고 말씀해 주셔서 알게 되었어요.

고민이 있는 친구의 이야기를 차분히 들어 주니, 친구가 엄청 고마워했어요. 친구에게 도움을 줘서 뿌듯했어요.

6. 친구에게 칭찬을 잘 하지 않는다.

지민이는 믿을 수 있는 어른과 대화해 문제의 원인을 찾았어요. 칭찬을 하며 다른 사람의 좋은 점을 인정하고 배운다면 결국 지민이에게 장점들이 더 많이 생기겠죠!

7. 잘 웃는다.

지민이의 웃음으로 선생님과 친구들도 기분이 좋아질 것 같네요.
아주 좋은 점을 발견했어요!

8. 고민이 있는 친구의 이야기를 잘 들어준다.

친구의 마음을 잘 이해해 주고 경청할 수 있는 멋진 사람이네요!
좋은 점을 한 가지 더 찾았군요!

지민이가 발견한 자신의 새로운 모습 중에 자신이 해결할 수 있는 문제를 발견했네요!

지민이가 해결하고 싶은 문제

1. 작은 일에도 쉽게 화가 난다.
   (예를 들어 친구가 펜으로 소리를 크게 내는 경우)
2. **숙제가 많아지니 점점 숙제하는 걸 미룬다.** ✦✦
3. 새로운 것을 시도할 때 너무 오래 고민한다.
4. 나에게 잘 어울리는 스타일을 알고 있다.
5. 역사 책 읽는 것이 즐겁다.
6. 친구에게 칭찬을 잘 하지 않는다.
7. 잘 웃는다.
8. 고민이 있는 친구의 이야기를 잘 들어준다.

나에 대해 새롭게 알게 된 점

1. 좋아하는 농구 생각을 많이 한다.
2. 어려운 수학 문제 풀기를 아주 싫어한다.
3. 거북 목은 모르겠지만, 거북 등이 되고 있다.
4. 매사에 꼼꼼하지 않다.
5. 해야 할 일을 까맣게 잊고 있다가 누군가 말해 주면 그제야 하는 경우가 있다.
6. 같은 반 친구들이 자주 운동을 잘한다고 말해 준다.
7. 책을 오랫동안 읽을 수 있다.
8. 좋아하는 일은 끝까지 한다.
9. 동생들과 잘 놀아 준다.

농구!!! ♡
수학은...

자신에 대해 자세하게 관찰을 했네요.

그럼 이제부터 재신이가 발견한 특징들에 대해 살펴볼까요?

1. 좋아하는 농구 생각을 많이 한다.

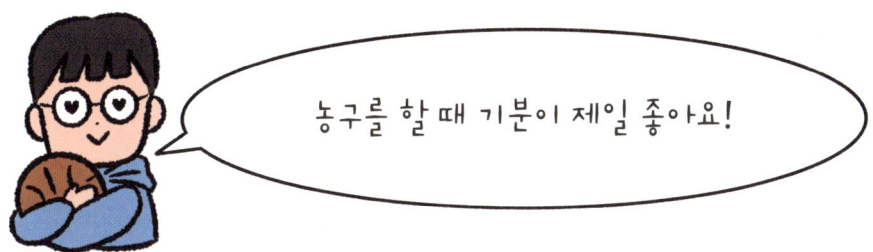

새롭게 농구를 배우니 생각이 많이 날 수밖에 없겠지요.

친구들과 즐겁게 어울리며 성장을 돕는 취미가 생겼다니, 축하해요!

2. 어려운 수학 문제 풀기를 아주 싫어한다.

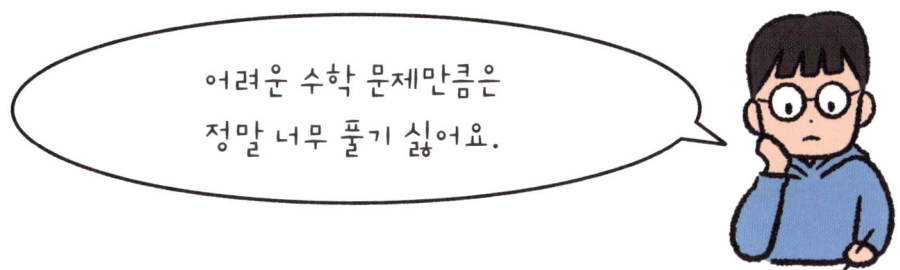

이 문제는 혼자서 해결하기 어려운 문제입니다.

하지만 부모님과 선생님의 도움을 받아 좀 더 재미있게 수학을 공부하며 문제를 해결해 보면 어떨까요?

3. 거북 목은 모르겠지만 거북 등이 되고 있다.

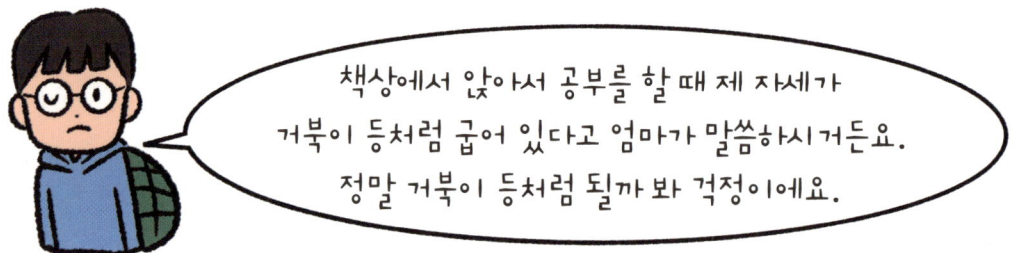

책상에서 앉아서 공부를 할 때 제 자세가 거북이 등처럼 굽어 있다고 엄마가 말씀하시거든요. 정말 거북이 등처럼 될까 봐 걱정이에요.

바른 자세를 유지하는 것은 성장기 어린이들에게 아주 중요해요.

어른이 될수록 고치기가 더 어려워지니, 스스로 해결할 수 있는 좋은 문제를 찾은 것 같네요!

4. 매사에 꼼꼼하지 않다.

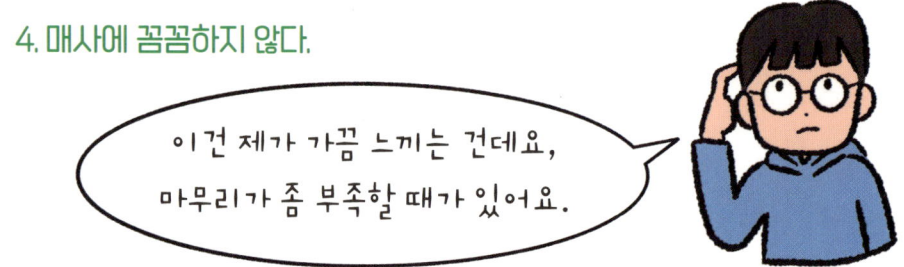

이건 제가 가끔 느끼는 건데요, 마무리가 좀 부족할 때가 있어요.

그 누구도 모든 일에 완벽할 수는 없어요. 스스로의 실수에 대해 실망하기보다는 반복하지 않는 자세가 더욱더 중요합니다.

일을 끝내기 전에 한번 더 확인하고 메모하는 습관을 들여 볼까요? 주의를 기울이면 깜빡하는 실수는 많이 줄어들 거에요.

5. 같은 반 친구들이 운동을 잘한다고 자주 말해 준다.

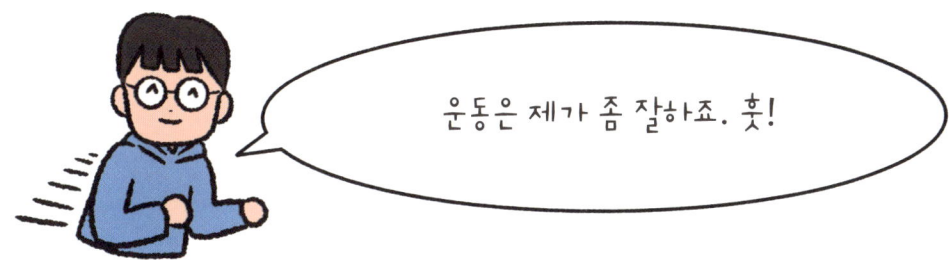

농구 이외에 다른 운동도 즐기고 있나요?

몸과 마음 모두 튼튼하게 해 주니 친구들과 운동을 하며 즐거운 학교생활을 보내세요.

6. 책을 오래 읽을 수 있다.

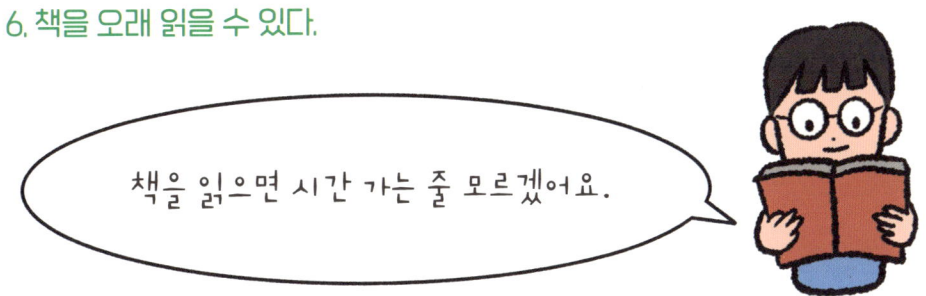

운동도 잘하고 책 읽는 것도 좋아하다니, 장점이 정말 많네요!

특히 독서 습관을 어렸을 때부터 만들다니 칭찬해요. 다양한 책을 읽으면서 어떤 분야에 더 흥미를 느끼는지도 알아보면 더욱 좋겠네요.

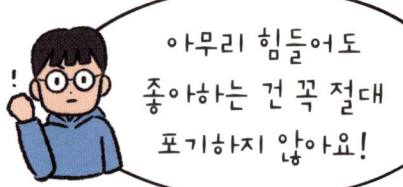

7. 좋아하는 일은 끝까지 한다.

끈기라는 장점을 발견했네요.

어떤 일을 할 때 더 끈기있게 잘 해냈는지 질문을 계속하다 보면 내가 정말 무엇을 좋아하는지 알게 될 거에요.

8. 동생들과 잘 놀아 준다.

유신이와 태신이는 어린 두 동생을 잘 챙겨 주는 멋진 형을 두었네요!

재신이가 발견한 자신의 특징 중에서 가장 먼저 해결해야 할 문제는 무엇일까요? 아래의 세 가지 기준을 되새기며 우선순위를 정해 봅시다.

 내가 직접 해결할 수 있는 문제일까?

 나에게 영향을 많이 주는 문제일까?

 나에게 부정적인 감정을 들게 하는 문제일까?

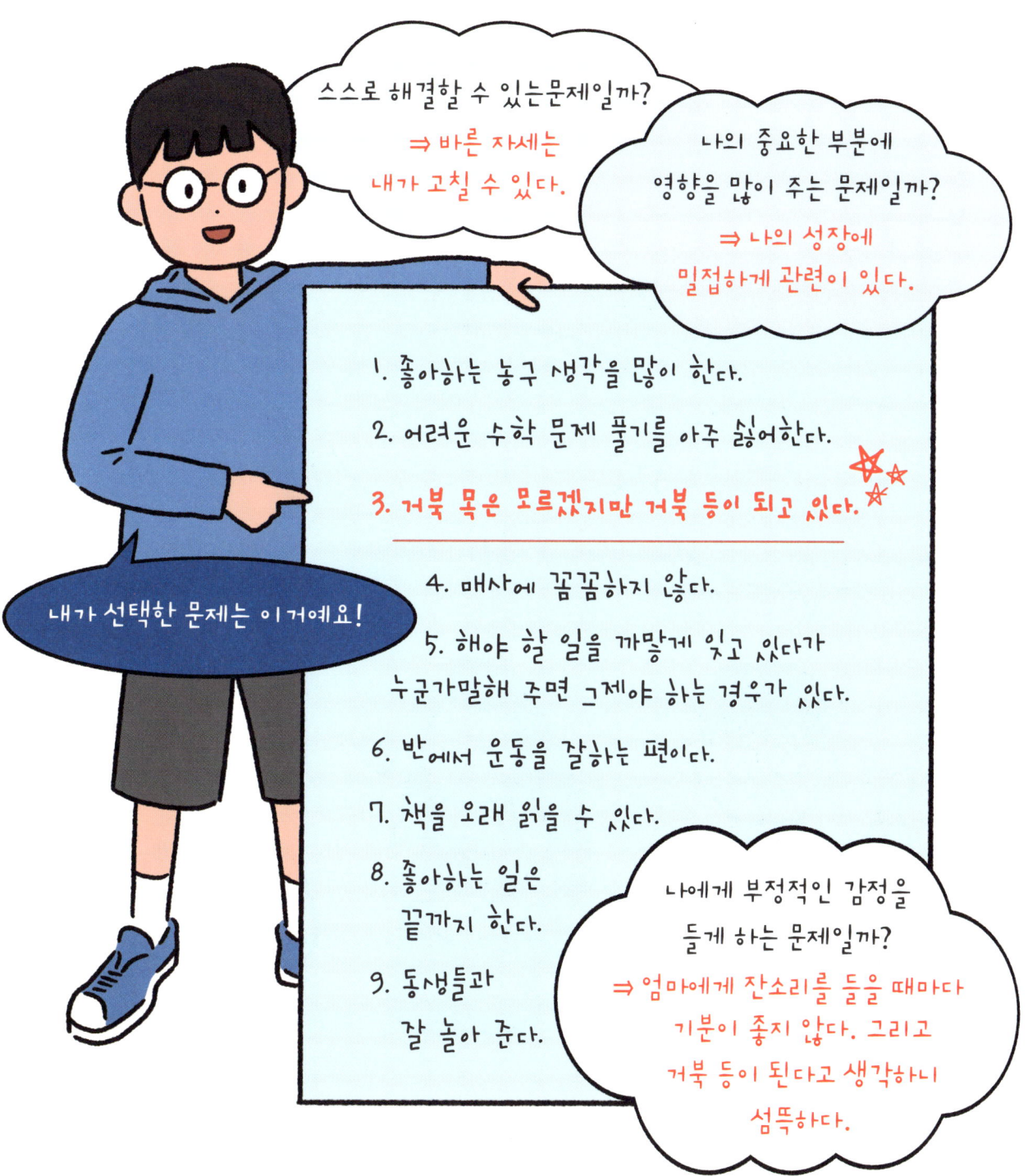

아차! 한 가지 빠뜨렸군요! 자신의 특징을 발견해 내고, 우선순위로 해결할 문제를 정하기 전에 스스로에게 '잘했어!'라고 칭찬해 줍시다. 자신에 대해 잘 몰랐던 점을 찾아냈고, 또 왜 그런지 이해할 수 있게 되었으니까요. 이건 엄청나게 훌륭한 발견이거든요!

어떤 문제의 해결책을 생각하기 전에 이것만은 꼭 알아 둡시다. 나에게 문제가 있다고, '아, 나는 왜 그러지.', '문제가 있다니 큰일이네.' 하고 우울해하거나 실망할 필요가 전혀 없어요.

혼자 힘으로 발견한 나의 장점을 더 늘려 가고, 단점이 있다면 나만의 방법으로 해결하면 되니까요. 문제는 곧 기회랍니다!

앞 내용을 정리해 볼까요?

1. 우선순위는 선택할 문제가 여럿 있는 경우 가장 중요한 것부터 순서를 정하는 것을 말합니다. 우선순위를 정해야 하는 이유는 가장 중요한 문제부터 집중할 수 있게 도와주기 때문입니다. 한꺼번에 여러 가지 문제를 해결할 수 없으니까요.

2. 우선순위를 정하기 위해서는 기준이 필요합니다. 다음 세 가지 기준에 따라 가장 먼저 해결하고 싶은 문제를 고릅시다.

- 내가 해결할 수 있는 문제인가?
- 내게 영향을 많이 주는가?
- 내게 부정적인 감정을 주는가?

3. 관찰을 통해 알게 된 나의 모습 중 긍정적인 감정이 생겼을 때가 언제였고 왜 그랬는지 떠올려 봅니다. 그리고 자주 그런 느낌을 갖도록 노력합시다.
나에게 좋은 감정을 주는 어떤 상황이나 일들이 자주 반복된다면 당연히 좋은 마음을 더 많이 갖게 되겠죠?

4. 반대로 나에게 부정적인 감정을 갖게 한 행동은 고치려고 노력하거나, 그러한 환경에 처하지 않도록 조심합시다. 기분이 나쁘면 원래 잘하던 일도 잘 못 하게 되고 아무것도 하기 싫어지게 되니까요. 부정적인 감정이 계속 반복된다면 문제는 해결되지 않을 거예요.

5. 스스로를 공감하며 새로운 점들을 발견한 자신을 꼭 칭찬해줍시다. '이렇게 새로운 것을 많이 발견하다니, 정말 대단한 걸!"이라고 말이죠!

Activity ❶

일주일 동안 자신에 대해 관찰하고 새롭게 알게 된 10가지 특징을 적어 봅시다. 그리고 그중에서 긍정적인 감정과 부정적인 감정을 일으키는 것들로 나눠 보세요.
다 마친 후에는 '새로운 점들을 이렇게나 많이 발견하다니, 나는 정말 대단한걸!'이라고 칭찬해 주세요!

 **나에 대해 새로 발견한 점**

① ....   ⑥ ....
② ....   ⑦ ....
③ ....   ⑧ ....
④ ....   ⑨ ....
⑤ ....   ⑩ ....

Activity ❷

나에 대해 새롭게 발견한 점 가운데 부정적인 감정을 일으키는 것들이 있다면, 아래의 3가지 기준에 맞춰 먼저 해결하고 싶은 문제를 순서대로 정리해 보세요.

- 내가 해결할 수 있는 문제인가?
- 내게 영향을 많이 주는가?
- 내게 부정적인 감정을 주는가?

① ....
② ....
③ ....
④ ....
⑤ ....

어른들은 회사에서…

　실제 회사에서도 사용자를 이해하고 공감하는 과정들을 통해 많은 문제들을 찾고 해결한답니다. 그런데 사용자를 위한 문제 말고도 또 다른 문제들도 있습니다. 회사 운영을 위한 문제처럼 다른 종류의 문제가 항상 생기게 마련이니까요.

　하지만 우리가 앞서 살펴본 것처럼 어른들 역시 모든 문제를 한꺼번에 해결할 수는 없습니다. 그렇기 때문에 회사에서도 ==우선순위를 정하는 것==이 굉장히 중요합니다.

　발견한 문제들의 우선순위를 정하기 위해 여러 번의 회의를 거치게 되죠. 회사는 다양한 사람들이 모여 일하는 곳이기 때문에, 한 사람이 중요하게 생각하는 기준만으로는 우선순위를 정하지 않습니다. 그래서 혼자가 아닌 공동의 목표를 위해서는 다음과 같은 기준을 세워 문제를 해결합니다.

첫번째 기준은, 회사의 미래에 얼마나 중요한 문제인지입니다. 모든 회사는 각기 다른 목표를 갖고 있습니다. 이 책을 읽고 있는 여러분 모두가 다른 꿈을 갖고 어른이 되고 싶은 것처럼요. 두번째 기준은, 얼마나 많은 사용자에게 영향을 주는지입니다. 이왕이면 많은 사용자들에게 영향력이 큰 문제를 먼저 해결하는 게 더 좋겠죠? 세번째 기준은, 문제를 해결하는 데 얼마나 많은 사람들의 시간과 노력이 필요한지입니다.

이 선택의 답은 혼자서 내릴 수 없고, 많은 사람과 여러 번 회의를 하며 의견을 나누며 점수를 매겨, 가장 높은 점수를 받게 된 문제부터 해결해 나가면 됩니다.

	문제1	문제2	문제3
얼마나 중요할까?	5	8	3
얼마나 영향이 클까?	6	6	4
얼마나 노력이 들까?	3	7	5
합계	14	21	12

3장 아이디어 떠올리기

해결하고 싶은 문제를 찾았다면 그다음은 문제를 해결할 좋은 아이디어를 떠올릴 차례입니다.

좋은 아이디어를 내는 비결을 알려 줄까요?

그건 바로 엉뚱하고 이상해도 가능한 한 많은 아이디어를 떠올려 보는 것입니다. 우리가 해결하고 싶어 하는 문제에는 정답이 없답니다. 앞에서 문제는 하나지만 해결책은 여러 개일 수 있다고 했죠? 여러 가지 아이디어를 떠올리면 그중에 좋은 해결책이 나올 확률도 높아지기 때문이에요.

여러 아이디어를 떠올릴 때 가장 중요한 팁을 하나 알려 줄까요?

바로 '질문하기'랍니다.

질문의 힘을 이용해 봅시다. 질문이 없으면 답도 얻을 수 없겠죠. 때로는 좋은 질문에 정답 이상의 가치가 있을 때도 있거든요.

질문이 중요한 이유는 올바른 질문이 있어야 올바른 답을 찾을 수 있기 때문입니다. 질문이 잘못되었다면 답도 잘못될 가능성이 커지니까요.

또한 질문은 우리의 호기심을 자극하지요. 무엇인가를 계속 궁금해하면서 질문하다 보면 좋은 해결책을 찾는 데 도움이 됩니다.

천재 과학자 알베르트 아인슈타인은 질문의 중요성을 강조하면서 이런 말을 했답니다.

"만약 내가 1시간 동안 문제를 해결해야 한다면, 나는 55분을 핵심이 되는 훌륭한 질문을 찾고 결정하는 데 보낼 것이다."

그렇다면 이제는 좋은 질문하는 법을 알아봅시다.

어떻게 하면 좋은 질문을 만들 수 있을까요?

좋은 답을 얻을 수 있는 좋은 질문의 조건은 뭘까요? 질문의 범위가 너무 넓지도 좁지도 않아야 하죠.

예를 들어 볼까요?

==좋지 않은 예==

어떻게 하면 기분이 좋아질 수 있을까?

맛있는 음식을 먹었을 때, 좋아하는 친구와 함께 놀 때, 그리고 시험을 잘 봤을 때 등등 기분이 좋아지는 상황은 너무나 많아요. 이 질문의 답은 범위가 너무 넓어서 좋은 예라고 할 수 없어요.

==좋은 예==

어떻게 하면 학교 가기 전 월요일 아침을 기분 좋게 시작할 수 있을까?

이 질문은 ==**'학교 가기 전 월요일 아침'이라는 구체적인 상황을 더해서**== 위의 질문보다 답을 생각해 내기 훨씬 쉽습니다. 여러분도 대답하기 어려운 질문을 마주했을 때, 이런 식으로 몇 가지 조건을 더한다면 답을 찾기 쉬워질 거예요.

자, 각자 자신의 문제를 해결하기 위한 질문을 만들어 볼까요? 혼자 생각하는 것이 어렵게 느껴진다면 친구들이나 부모님과 함께하는 것도 좋은 방법입니다.

이제 좋은 질문에 걸맞는 좋은 답을 찾아야 할 때입니다. 좋은 답을 찾기 위해서는 '리서치'(Research)가 도움이 됩니다.

리서치란 무언가를 살펴보고 조사하는 일입니다. 당연히 어린이도 할 수 있습니다. 어렵게 생각하지 마세요. 이미 여러분 각자가 스스로를 관찰한 것도 하나의 리서치라고 볼 수 있으니까요.

문제를 해결하기 위한 리서치 방법은 여러 가지가 있습니다. 그중 하나는 다른 사람들이 먼저 찾아낸 해결책을 살펴보는 것이지요. 세상에는 정말 많은 사람들이 있고, 나와 비슷한 문제를 갖고 있던 사람들 역시 비슷한 고민을 했을 것입니다. 따라서 다른 사람들은 어떤 고민을 했었는지 알아본다면 새로운 아이디어를 얻는 데 많은 도움을 받을 수 있습니다.

무엇을 조사할지 주제를 정했다면 조사 방법은 어렵지 않아요. 인터넷에서 검색해 관련된 정보를 찾을 수도 있고, 도서관에 가서 책을 찾아볼 수도 있고, 주변 어른들에게 물어볼 수도 있습니다. **중요한 것은 호기심입니다.** 이런 물건들이 왜 있는지, 사람들은 왜 이런 방법을 사용하는지, 그리고 문제를 해결했을 때 어떤 효과가 있었는지, 더 좋은 해결책이 그 뒤로 나왔는지 다양한 궁금증을 갖고 조사해야 합니다.

자료를 수집한 후에는 조사한 정보를 정리해야겠죠? 모은 자료들 가운데 비슷한 정보끼리 묶고, 중요한 정보가 무엇인지 한번 더 살펴보세요. 이렇게 하면 리서치를 통해 새로 알게 된 정보들을 훨씬 쉽게 정리할 수 있어요.

지민이의 이야기 ④

Q1. 어떻게 하면 숙제를 미루지 않고 미리 끝낼 수 있을까?

Q2. 어떻게 하면 숙제를 즐거운 마음으로 할 수 있을까?

Q3. 어떻게 하면 실수하지 않으면서도 숙제를 빨리 끝낼 수 있을까?

나는 인터넷 검색도 해 보고, 아빠에게 물어봐서 아이디어를 떠올려 보았어요.

좋은 질문을 하고 리서치를 마쳤다면, 그다음 단계는 정리하는 것이겠죠. 내 문제의 해결 방법을 종이에 적어 보거나 그림으로 그려 봅시다.

최대한 많은 아이디어를 생각해 내는 것이 중요합니다. 말도 안 되는 엉뚱한 아이디어라도 상관없습니다. 최대한 많이 자유롭게 생각들을 떠올려 보세요. 그림으로 표현하는 것이 어렵다면 글로 적는 것도 좋은 방법입니다.

그러고 나서 내가 떠올린 아이디어들을 친구들이나 부모님과 공유해 봅시다. 다른 사람들과 아이디어들을 공유하다 보면 미처 생각해 보지 않았던 점을 알게 되고, 또 이 과정을 통해 원래의 나의 아이디어에 살이 붙어서 점점 더 좋은 생각으로 변해가기 때문입니다.

이렇게 여러 사람들과 자유롭게 아이디어들을 떠올리는 과정을 '브레인스토밍'(brainstorming)이라고 합니다. 브레인스토밍을 통해 떠올린 아이디어는 처음에는 이상해 보일 수 있지만, 전혀 걱정할 필요가 없습니다. 해결 방법을 계속 다듬어 가면 되니까요.

재신이의 이야기 ④

Q1. 어떻게 하면 책상에 앉아서 공부할 때 바른 자세를 유지할 수 있을까??

Q2. 어떻게 하면 책상에 앉아 있을 때 배에 힘을 잘 줄 수 있을까?

Q3. 어떻게 하면 내가 거북 등이 될 때 엄마가 옆에 없어도 알아차릴 수 있을까?

휴, 쉽지 않았지만 질문을 다시 보면서 아이디어를 떠올려 봤어요.

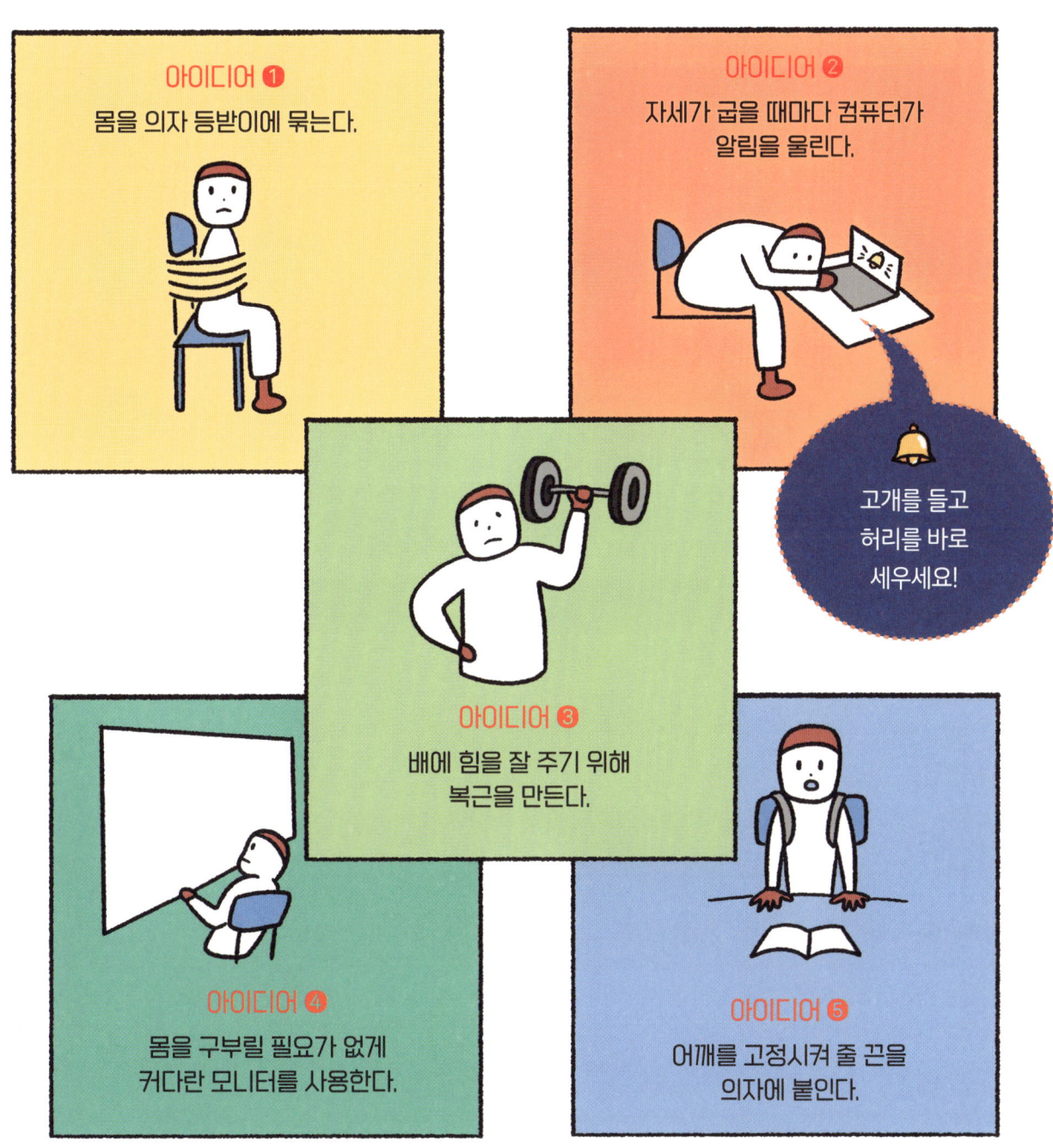

131

앞 내용을 정리해 볼까요?

1. 정해진 정답이 없는 문제의 해결책은 하나가 아니기 때문에 여러 가지 아이디어들을 떠올려 봅시다. 그러기 위해서는 먼저 질문들을 만듭니다. 질문하는 이유는 이 질문들을 통해 다양한 가능성을 찾을 수 있기 때문입니다.

2. 좋은 질문들을 만드는 것은 좋은 답을 얻는 것보다 더 중요한 일입니다. 질문이 잘못되었다면 잘못된 답을 얻을 수 밖에 없기 때문입니다.
   질문을 할 때에는 범위가 너무 넓거나 좁지 않도록 유의합시다.

3. 질문에 대한 답을 찾을 때는 최대한 많은 생각들을 떠올려 봅시다. 그림으로 표현하기도 하고 글로 적어도 좋습니다. 그림을 잘 그리지 못해도 상관없고 엉뚱한 생각이어도 아무 문제없습니다. 누구에게 보여주는 것이 아니니 자유롭게 상상을 펼쳐 보세요. 선택지가 다양할수록 좋은 해결 방법을 얻을 가능성도 커지기 때문입니다.

4. 내가 떠올린 아이디어가 왠지 이상하고 좋은지 잘 모르겠다는 생각이 들어도 상관없습니다. 계속 다듬어 가며 더 좋은 해결책으로 발전시킬 수 있으니까요.

Activity ❶

내가 만든 질문들의 답을 얻기 위해 필요한 점들을 리서치해 봅시다. 리서치 방법은 자신에게 가장 잘 맞는 것으로 자유롭게 정할 수 있습니다.

 **내 문제를 해결할 질문을 정리해 봅시다.**

어떻게 하면 .... 할 수 있을까?
어떻게 하면 .... 할 수 있을까?
어떻게 하면 .... 할 수 있을까?
어떻게 하면 .... 할 수 있을까?
어떻게 하면 .... 할 수 있을까?
어떻게 하면 .... 할 수 있을까?
어떻게 하면 .... 할 수 있을까?
어떻게 하면 .... 할 수 있을까?

 **내가 실행해 보고 싶은 리서치 방법을 선택해 보세요.
여러 개여도 좋아요.**

- ☐ 선생님 또는 부모님에게 물어보기
- ☐ 관련된 책을 찾아보기
- ☐ 인터넷 검색하기
- ☐ 나와 비슷한 상황을 해결한 친구와 이야기해 보기

리서치를 통해 새로 알게 된 점 5가지를 적어 봅시다.

① ....
② ....
③ ....
④ ....
⑤ ....

Activity ❷

문제 해결을 위한 브레인스토밍

1. A4 종이를 세 번 접어서 총 8칸을 만듭니다.

2. 정해진 시간 안에 8개의 아이디어를 그리거나 글로 적어 봅니다.

    15분 동안 8개의 빈칸을 모두 채웁니다. 15분이 너무 짧게 느껴질 수 있습니다. 하지만 시간을 정해 놓고 브레인스토밍을 하면 짧은 시간 안에 많은 아이디어를 낼 수 있다는 장점이 있습니다.

3. 내가 떠올린 아이디어가 좋은지 나쁜지에 대해서는 절대 걱정할 필요가 없습니다. 그보다 최대한 많은 아이디어들을 생각해 내는 것이 중요합니다.

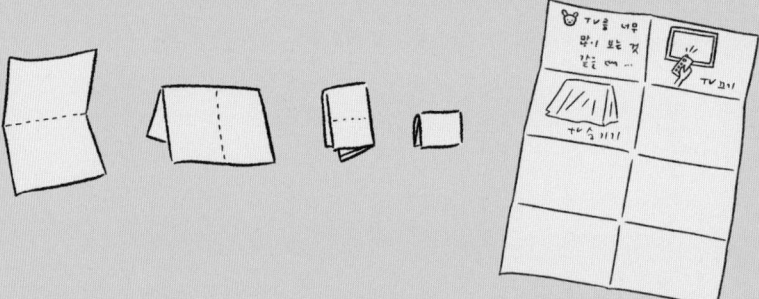

아이디어 1	아이디어 2	아이디어 3	아이디어 4
아이디어 5	아이디어 6	아이디어 7	아이디어 8

어른들은 회사에서…

    회사에는 다양한 분야의 일을 하는 사람들이 모여 함께 일을 합니다. 한 명 한 명 각자가 잘 하는 분야를 깊이 연구하고 전문 지식을 쌓아 나가지요. 한 사람이 모든 걸 다 잘 할 수는 없기 때문입니다. 그리고 각기 다른 분야의 전문가들의 지식과 시각을 얻을 수 있다는 장점도 있습니다.

    모두 똑같은 일을 하고 비슷한 생각만 한다면 새로운 아이디어는 나오기 힘드니까요.

하지만 많은 사람들이 모여 서로 다른 아이디어들을 내기 때문에 때로는 모든 의견들을 다 듣기 힘든 경우도 있습니다.

그래서 브레인스토밍을 할 때는 아래와 같은 규칙을 미리 알려 주고 꼭 지키도록 합니다. 여러분도 친구들과 숙제를 하거나 토론을 할 때 아래 규칙을 참고해 브레인스토밍을 사용해 보세요.

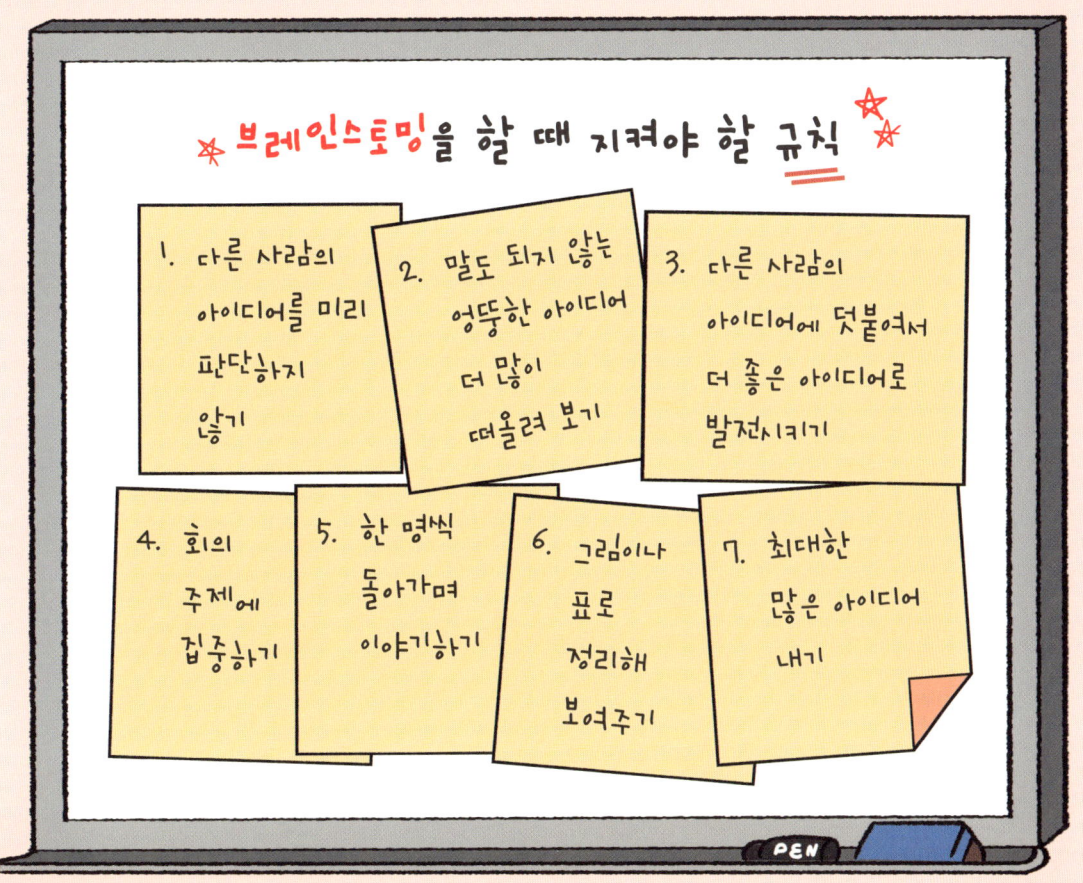

출처: 아이디오(Ideo)의 브레인스토밍 7가지 법칙

4장 빠르게 실험해 보기

이제 각자 떠올린 아이디어가 정말 좋은 해결법인지 실험해 볼 단계입니다. 실험을 하는 게 어렵게 느껴질 수 있지만 걱정하지 마세요. 모든 아이디어는 실패할 수 있고, 어린이들도 쉽게 시도할 수 있는 방법이 많으니까요.

절대로 실패하지 않는 해결 방법을 바로 떠올릴 수 있다면 정말 편하고 좋겠죠. 하지만 정답이 정해져 있지 않은 문제는 직접 실험해 보지 않는 이상 좋은지 아닌지 알 수 없습니다.

그렇기 때문에 **결과물이 완벽하지 않아도 빠르게 실험해 보는 과정**은 꼭 필요하답니다. 이 과정을 **프로토타입**이라고 해요. 실제로 회사에서 새로운 제품이나 서비스를 만들 때도 꼭 거치는 과정입니다.

아래 그림은 많은 사람들에게 인기가 있는 다이슨 청소기를 처음 만들기 위해 만든 여러 가지 프로토타입입니다. 택배 박스 골판지로 만든 것도 있는데, 어떤가요? 요즘 우리가 사용하는 청소기와는 생김새가 많이 다르지요? 완벽하지 않아도 여러 가지의 형태로 끊임없이 실험을 하면, 좋은 완성품이 탄생할 수 있답니다. 이게 바로 프로토타입의 힘이에요.

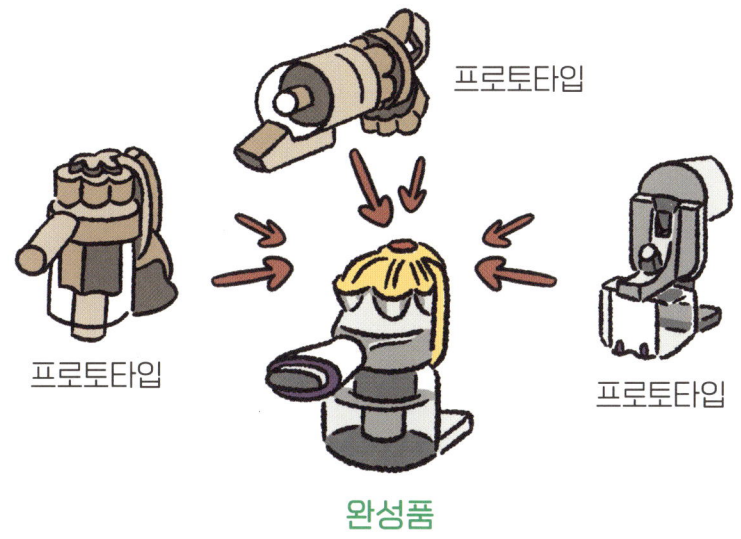

여러분은 위의 그림처럼 생긴 안경 쓴 사람을 본 적 있나요? 저 안경은 스마트폰이 없어도 찾고 싶은 사진, 지도, 정보 등을 눈앞에 보여주는 '구글 글라스'입니다. '증강현실(AR) 글라스'라고도 하죠.

2013년도에 구글에서 만든 스마트 글라스인데, 지금은 판매하지 않지만 당시에는 증강 현실을 가벼운 안경만 쓰고도 경험할 수 있어 화제가 되었던 제품이죠.

진짜 안경을 쓴 것처럼 가벼워야 하고, 또 음성으로 정보를 검색하고 눈앞에 화면 없이도 정보를 쉽게 볼 수 있어야 하니, 당시 새로운 기술을 적용하고 수많은 테스트를 거칠 수밖에 없었겠죠. 저런 제품은 실제로 수많은 사람이 몇 년 동안 노력해 만들어집니다.

하지만 놀랍게도 구글 글라스를 만든 사람들은 가장 첫번째 프로토타입을 단 하루 만에 만들었다고 합니다. 그게 어떻게 가능했을까요?

그 질문의 답은 간단하답니다. 처음부터 완벽한 제품을 만들려고 하기보다는 어설프지만 가장 빠른 방법으로 비슷한 경험을 시험해 볼 수 있는 방법을 생각해 냈거든요. 주변에서 쉽게 구할 수 있는 반투명 종이, 프로젝터, 옷걸이 같은 재료를 이용해 걸어다니면서 증강 현실을 간접 체험할 수 있는 프로토타입을 만들었다고 해요. 그리고 그 경험을 바탕으로 계속 디자인을 개선해 나갔고요.

또 다른 예를 소개해 볼게요. 유튜브나 게임 앱 등 스마트폰에서 사용할 수 있는 앱을 만들려면 코딩을 해야 합니다. 코딩을 하려면 컴퓨터도 잘 다뤄야 하고 어려운 컴퓨터 언어도 알아야 해요. 그러니 시간도 많이 걸리고요. 하지만 실제로 코딩을 하지 않고도 간단하게 실험해 보는 방법이 있어요. 바로 주위에서 쉽게 구할 수 있는 색종이, 펜, 메모지 등을 이용해서 말이에요.

이런 재료를 사용하면 컴퓨터가 실제로 작동하지 않더라도 누구나 실험해 보고 싶었던 아이디어를 빠르게 확인할 수 있어요.

우선 종이에 내가 만들고 싶은 앱의 화면을 그려요. 화면에는 버튼, 글씨, 그림 등 여러가지 요소가 필요하겠죠? 이런 요소들은 색종이에 따로 그려서 잘라 놓으면 다른 화면에 이리저리 옮겨 가며 여러 번 사용할 수 있어요. 이 방법은 저와 같은 디자이너들이 실제로 아이디어를 빠르게 실험하고 싶을 때 종종 사용하는 방법이기도 합니다.

좋은 질문이에요. 앞에서 여러 가지 선택 사항들이 있을 때 우선순위를 정하는 법을 알아봤잖아요? 오른쪽 페이지의 그림을 참고해 여러 개의 선택지 중 하나를 골라 보세요.

자신이 떠올린 아이디어들의 우선순위를 정하고, 그중 제일 마음에 들면서 실험도 해 보고 싶은 것을 정하면 됩니다. 실험해 보지 않고는 이 아이디어가 좋은 해결책인지 아닌지 알 수 없으니 내 힘으로 빠르고 재미있게 실험해 볼 수 있는 아이디어를 선택하는 게 가장 좋아요.

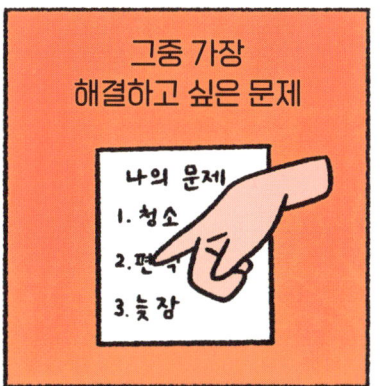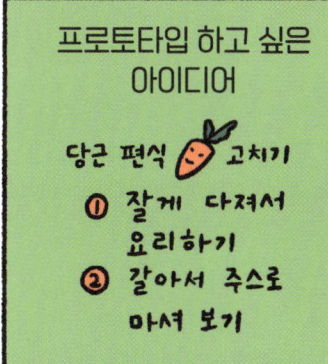

재신이의 이야기 ⑤

지민이의 이야기 ⑤

며칠 후

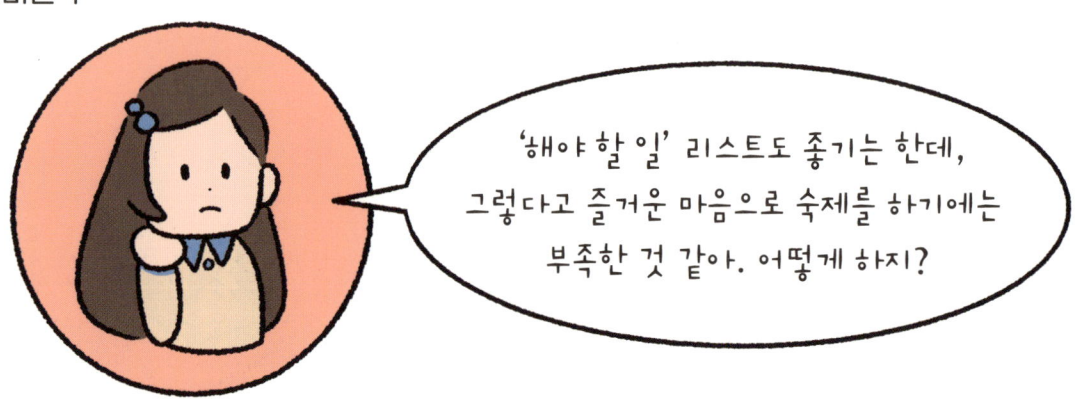

'해야 할 일' 리스트도 좋기는 한데, 그렇다고 즐거운 마음으로 숙제를 하기에는 부족한 것 같아. 어떻게 하지?

스스로 생각한 아이디어로 실험을 하고 또 무언가를 느꼈다니 정말 훌륭합니다. 프로토타입의 장점은 쉽고 간단하게 실험해 보고, 계속 고쳐 나갈 수 있다는 것입니다. 실패해도 상관없어요. 다른 아이디어도 실험해 보고 여러 경험을 통해 새로운 것을 얻도록 합니다.

다시 한번 강조하지만 프로토타입을 만드는 목적은 완벽한 해결책을 위한 것이 아니라, 빠른 실험을 통해 해결책을 계속 다듬어 나가는 것입니다. 그렇기 때문에 실험 결과가 생각했던 것처럼 좋지 않아도 상관이 없어요. 오히려 실험을 통해 배운 점이 좋은 해결책을 만드는 과정인 셈이지요.

그럼 포기하지 말고 아직 시도하지 않은 아이디어를 계속 도전해 볼까요?

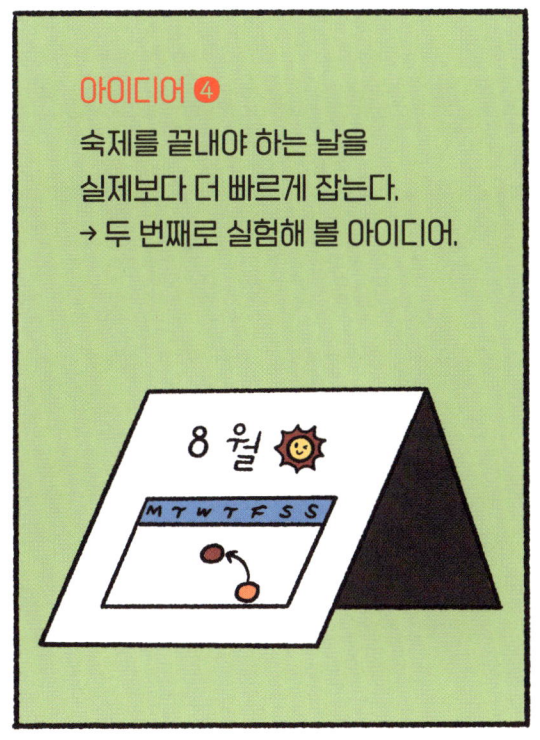

프로토타입을 만들고 실험해 볼 때 중요한 점은 최대한 빨리 시도해 보고, 결과를 확인하고, 그로 인해 깨달음을 얻고 배우는 것입니다. 그러니 두려워하지 않고 계속 도전하는 것이 중요하지요. 이런 과정을 통해 조금씩 더 배우고 성장해 간답니다.

질문과 해결 방법을 조금씩 바꾸다 보면 언젠가는 나만의 성공을 거둘 수도 있어요. 세상의 많은 사람들이 이런 과정을 거친답니다. 그러니 절대로 미리 두려워하지 마세요!

✓ 앞 내용을 정리해 볼까요?

1. 어떤 아이디어도 실제로 실행해 보지 않으면 좋은지 알 수 없습니다. 그렇기 때문에 실제로 실험해 보는 것이 중요한데 이것을 '프로토타입'이라고 합니다.

2. 프로토타입의 결과물은 멋지지도 않고 제대로 작동하지도 않습니다. 완벽할 필요가 없기 때문이죠. 실패할 수도 있지만 상관없습니다. 다시 고쳐서 실행하면 되기 때문입니다.

3. 프로토타입은 실행하는 게 가장 중요하기 때문에 최대한 빨리 실험할 수 있는 방법을 선택하는 것이 좋습니다. 프로토타입을 만들 재료와 방법 들은 우리 주변에서 쉽게 찾을 수 있어요. 만드는 시간이 너무 오래 걸려서 실험이 늦어지면, 결과를 확인하는 시간도 늦어진다는 걸 잊지 마세요!

Activity ❶

내가 떠올린 아이디어를 쉽고 간편하게 실험할 수 있는 방법을 찾아봅시다.
쉽게 할 수 있는 것부터 실행합니다.

 프로토타입을 만들고 싶은 아이디어가 있나요?

....

 실험해 보고 싶은 항목들을 골라 봅시다.

....

 쉽고 간편하게 실험할 수 있는 방법은 무엇인가요?

....

Activity ❷

실제로 무언가를 만들고 싶다면 프로토타입에 사용할 수 있는 재료들을 찾아봅시다. 우리 주변에는 많은 재료가 있답니다!

예시

어른들은 회사에서…

프로토타입은 쉽고 간편하게, 그리고 빠른 시간 안에 실험하는 것이 목적이기 때문에 정말 다양한 방법으로 시도해 볼 수 있습니다. 좋은 아이디어인지 아닌지를 판단하기 위한 실험이라 어떤 방법을 쓰는지는 전혀 상관없습니다.

아래 그림은 병원에서 수술할 때 사용할 장비의 손에 잡히는 느낌을 확인하기 위한 프로토타입과 실제 수술장비의 완성품입니다. 프로토타입에 사용한 재료를 보니 여러분도 따라 만들 수 있겠죠?

프로토타입　　　　　　실제 수술장비

5장 다시 고치기

　새롭고 위대한 아이디어는 마법을 부리듯 단번에 떠오른다고 오해하는 사람들이 있습니다. 물론 이런 경우도 있지만, 대부분은 그렇지 않습니다.

　그리고 아무리 좋은 아이디어라도 테스트를 거치고 잘못된 점을 찾아 고치고 다듬는 수많은 과정을 반복해야 훌륭한 해결책이 될 수 있습니다.

　다이슨의 창업자는 원하는 청소기를 만들기 위해 무려 5,127개의 프로토타입을 만들었다고 합니다! 좋은 제품을 만들기 위해 끊임없이 프로토타입을 만들어 실험하고 개선해 나가며 노력했지요. 이 이야기를 거꾸로 생각해 보면, 5,127개의 프로토타입을 만들며 제품을 개선할 기회를 5,127번 만든 셈입니다.

스스로의 문제를 해결하는 것도 마찬가지입니다. 물론 내 아이디어를 실험해 보고 마음에 드는 결과를 얻지 못해서 더 실망스러울 수도 있습니다. '내가 이렇게 고생했는데 잘 안 돼서 너무 속상해.', '될 것 같았는데 왜 안 되는 거지? 이건 진짜 나쁜 아이디어인가?' 하는 의심이 들기도 합니다.

하지만 프로토타입을 시도했다는 행동력만으로도 충분히 칭찬받을 만합니다. **내 아이디어와 실험이 결코 단 하나의 해결책이 아니라는 사실을 잊지 마세요. 포기하지 않고 계속 고치면 결국엔 자신만의 좋은 해결 방법을 얻을 수 있으니까요.**

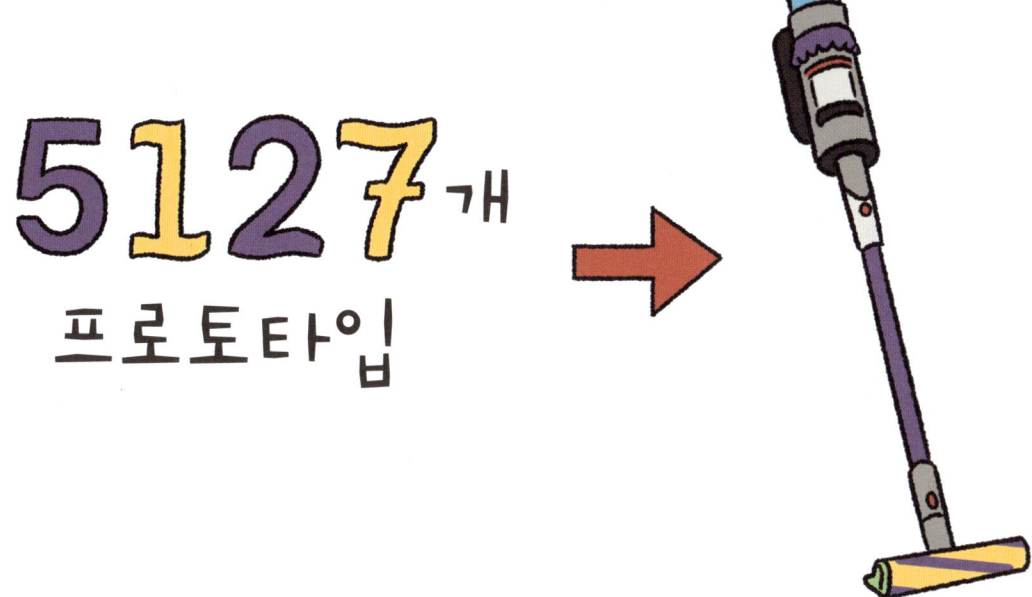

지민이는 프로토타입을 만들면서 무엇을 깨달았을까요?

맞아요, 아주 귀한 깨달음을 얻었네요. 프로토타입은 언제든지 바꿀 수 있고, 또 잘되지 않더라도 다른 아이디어로 바꿔 실험할 수 있습니다. 여러 번 시도할수록 좋아지는 것이 바로 프로토타입의 장점입니다.

하지만 다른 아이디어를 다시 시도해 보면 된다고 생각하니 마음이 좀 편해졌달까요.

첫 번째와 두 번째로 실행한 프로토타입의 결과, 좋았던 부분만 발전시켜서

총 세 가지의 아이디어를 프로토타입으로 만들어 보았어요.

✓ 첫 번째 프로토타입

'해야 할 일' 리스트 만들어서 실천하기

★★★☆☆

체크 박스에 표시를 하는 것은 좋았지만, 여전히 숙제는 하고 싶지 않았다.

✓ 두 번째 프로토타입

숙제를 끝내야 하는 날을 실제보다 더 빠르게 잡기

★★★★☆

끝내야 하는 날짜 생각에 약간 긴장도 되고, 나름 제일 좋은 방법이었다.

프로토타입을 통해 숙제를 미루지 않고 빨리 끝낼 수 있는 방법을 찾아서 뿌듯했어요. 재신아, 너도 한번 해봐.

해야 할 일을 미룰 때, 갑자기 긴장되고 무서운 기분이 들 때가 있잖아. 그때 우리 머릿속에 괴물이 나타나는 거래. 유튜브 강연에서 봤어.

네가 좋았다고 하니 나도 한번 해봐야겠다. 패닉 몬스터가 내 머릿속을 헤집고 다니면 꼼짝 못하고 당할 것 같아.

포기하지 않고 스스로에게 맞는 방법을 찾으려는 자세는 정말 훌륭해요!

그 전에 한 가지 알려 주고 싶은 팁이 있는데요. 처음에 떠올렸던 아이디어들을 시도해 본 후, 그중 좋았던 부분들을 모아서 또 다른 아이디어로 발전시켜 보세요! 지민이처럼 앞서 실행한 아이디어들의 좋은 점들을 합치면 그 다음 실험에서는 더 좋은 해결 방법을 찾을 수 있을 거예요.

재신이는 프로토타입을 통해 무엇을 알게 되었을까요?

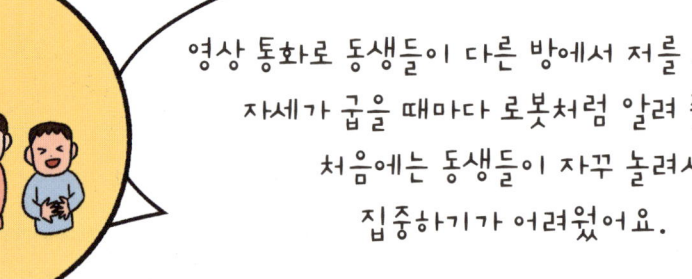

영상 통화로 동생들이 다른 방에서 저를 보고 있다가
자세가 굽을 때마다 로봇처럼 알려 줬어요.
처음에는 동생들이 자꾸 놀려서
집중하기가 어려웠어요.

하지만 소리가 시끄럽기도 하고
누가 나를 지켜보고 있다는 사실이 거슬리더라고요.
그래서 더 간단하게 등이 굽을 때마다
진동으로 알려 주는 의자가 있으면 좋겠다고 생각했어요.
처음에는 유신이가 곁에서 의자를 흔들어줬는데,
너무 웃겨서 하다가 포기했어요.

그다음 실험은 휴대폰을 진동 모드로
바꾼 뒤 의자에 깔고 앉아,
내 등이 굽을 때마다 유신이가 전화해 줬어요.
지금까지 시도해 본 방법 중에
가장 효과가 뛰어나서 실제로 있다면
정말 좋겠다고 생각했어요.

실제 제품으로 만든다면 어렵기도 하고 또 오래 걸릴 수 있는 아이디어를 동생들과 재미있고 간단한 프로토타입으로 여러 번 실험해 보고 발전시켰네요!

어른들은 회사에서…

우리가 실제로 사용하고 접하는 대부분의 것들도, 앞서 소개한 것처럼 실험하고 반복해서 고쳐 나가는 과정을 거칩니다.

그렇게 고쳐 나가는 방법 중에 'A/B 테스트'가 있습니다.

많은 사람이 사용하는 스마트폰의 앱 디자인의 예를 들어 설명해 볼게요. 스마트폰 앱을 켰을 때 화면에 나타나는 이미지 역시 A/B 테스트를 통해 고쳐 나가는 과정을 반복하거든요.

예를 들어 '좋아요' 버튼의 위치를 어디에 둘지, 또는 어떤 모양이 더 쓰기 편하고 효과가 좋을지 실험해야 한다면, A 디자인과 B 디자인을

각기 다른 그룹의 스마트폰에 보내 보여줍니다. 그때 어떤 그룹의 반응이 더 좋았는지 그 결과를 살펴보는 것이죠.

이렇게 A/B 테스트를 하면 두 가지 선택지 가운데 사람들의 반응이 어땠는지 확인하고 둘 중에 어느 쪽이 나은지 알아낼 수 있습니다. 회사에 다니는 어른들도 실험을 하지 않고는 정확한 결과를 알 수 없기 때문에 이 방법은 곧잘 쓰입니다.

그런데 가끔 사람들이 새로운 디자인보다 이전 디자인을 더 좋아하는 경우도 있어요. 이럴 때에는 포기하지 않고 새로운 디자인을 만들어 실험을 반복해야 합니다. 이런 실험을 많이 할수록 성공 확률은 더 커지니까요! 실패를 두려워하지 않고 나를 믿어요.

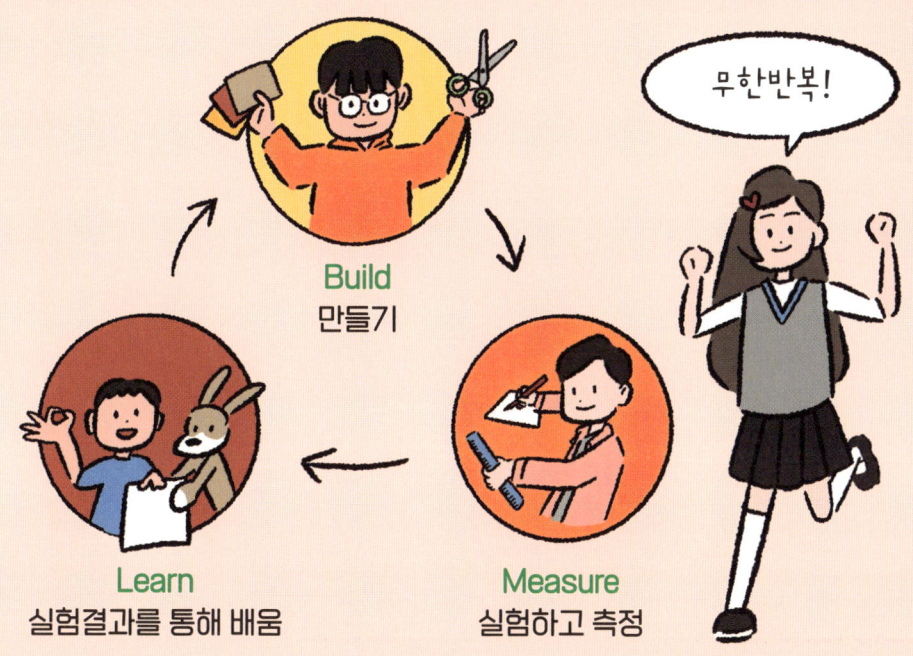

✓ 앞 내용을 정리해 볼까요?

1. 좋은 해결 방법은 한번에 찾을 수 없습니다. 실험을 하면서 계속 고쳐 가는 과정이 좋은 해결 방법을 찾는 최고의 비법입니다.

2. 기대한 만큼 결과가 좋지 않아도 절대 실망할 필요가 없습니다. 실험 결과를 통해 더 좋은 해결 방법을 얻을 수 있기 때문입니다. 대신 어떤 부분이 잘되지 않았는지 되짚어보고 해결하기 위해 다시 시도합니다.

3. 포기하지 않고 새로운 시도를 하는 자신을 칭찬해 줍시다. 그리고 실험을 통해 새로운 점을 발견하면 친구에게 알려 줍시다. 내가 알게 된 좋은 해결 방법이 친구에게도 도움이 될 수 있고, 또 친구의 방법이 나의 문제를 해결해 줄 수도 있으니까요. 서로의 아이디어를 나누면 더 좋은 해결 방법을 찾을 수 있을 거예요!

Activity

프로토타입을 실행하며 느낀 점을 적어 봅시다.

프로토타입을 통해 달라졌거나 좋아진 부분이 있나요?

....

어떤 부분이 마음에 들지 않았나요?

....

어떤 부분을 수정해서 다시 시도해 볼 수 있을까요?

....

마지막으로…
실패를 두려워하지 말고 자신을 믿어요

지금까지 다섯 단계를 거치며, 스스로 알아채지 못했던 자신의 새로운 점을 발견하고 문제를 해결해 보는 과정을 연습해 보았습니다.

마지막으로 각자 느낀 점을 이야기해 볼까요?

지금까지 연습한 과정을 정리해 봅시다.

1. **나의 감정을 느끼고 행동을 관찰하며 몰랐던 새로운 점들을 발견합니다.**
   ⇒ 내가 느끼는 감정을 당연하다고 받아들이고 잊지 않게 기록하기

2. **발견한 것들 중 내가 해결하고 싶은 옳바른 문제를 정의합니다.**
   ⇒ 여러 문제 중 기준에 맞게 우선순위 정하기

3. **문제를 해결하기 위한 여러가지 아이디어를 떠올려 봅니다.**
   ⇒ 질문을 만들고 많은 아이디어 생각해 보기

4. **실행해 보고 싶은 아이디어를 골라 빠른 방법으로 만들고 실험해 봅니다.**
   ⇒ 실패해도 좋다는 마음으로 프로토타입을 재미있게 빨리 만들어 보기

5. **잘되지 않았던 점을 고쳐서 다시 실험해 봅니다.**
   ⇒ 이 과정을 되풀이할수록 더 좋은 해결책을 얻을 수 있다고 믿기

물론 이 방법대로 차근차근 따라했어도 당장 만족스러운 해결 방법을 얻지 못할 수도 있어요. 내 생각과는 달리 막상 실행해 보면 잘되지 않을 때가 더 많을 테니까요. 그럴 때는 실패했다고 실망하기보다 잘되지 않았던 이유를 찾아보고 새로운 방법을 계속 시도해 나가야 해요.

처음에는 끊임없이 고치고 시도하는 과정이 어렵고 힘들 수 있어요. 그런데 혹시 우리 몸의 근육이 어떻게 강해지는지 알고 있나요? 처음에는 약하더라도 꾸준히 운동을 반복하면, 근육은 점점 단단해져요. 그러면 더 무거운 것도 들 수 있고, 더 빨리 뛸 수 있게 우리 몸이 강해집니다. 내가 발견한 문제의 해결책을 만들어 보고, 잘 되지 않으면 다시 시도를 반복하는 과정이 건강한 몸을 위한 근육 만드는 과정과 비슷하다고 생각하면 어떨까요? 처음에는 실패만 계속될 수도 있고, 끝없이 반복해 노력하는 과정이 힘들 수도 있지만, 이를 통해 한층 더 단단해지고 성장한답니다.

마지막으로 가장 중요한 것은 자신에 대해 몰랐던 점들을 발견하고 공감하는 자세예요. 그러니까 포기하지 않고 문제를 해결하려 노력하는 스스로에게 이렇게 칭찬 한마디를 건네 보세요.

오늘 평소보다
5분 일찍 집을 나섰더니,
학교에 늦을까 봐
급하게 뛰어가지 않아서 좋았어.
하루를 잘 시작하다니,
오늘 꽤 멋진걸!

월요일 아침에 학교 갈 때
즐거운 마음이 들도록
좋아하는 음악을 들으며 등교했어.
좋은 마음으로 한 주를 시작할 수 있도록
새로운 방법을 시도해 본
나 자신을 칭찬해!

여러분이 어른이 되어 가는 과정 중에 책에서 소개한 것보다 훨씬 더 복잡하고 어려운 문제들과 마주하게 될 거예요. 하지만 우리가 연습했던 과정을 잊지 않고, 스스로에게 "할 수 있어!"라고 용기를 북돋아 준다면, 분명 좋은 해결책에 더 가까워지겠죠.

아래의 세 가지 마음가짐을 절대 잊지 마세요!

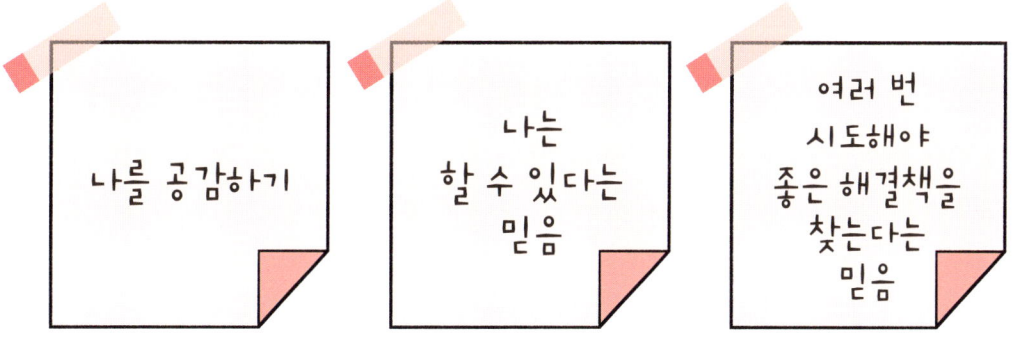

이 책을 끝까지 읽고, 긴 내용에 귀기울여 준 여러분 모두가 멋진 어른으로 성장하리라는 걸 믿어요.

그럼, 다음에 또 만나요!

나를 키워 주는
생각의 힘!

지은이 노유경
그린이 폴아

펴낸이 김서영
펴낸곳 노마도하우스
등록 2005년 8월 4일(제406-2005-000027호)
주소 10881 경기도 파주시 광인사길 37
홈페이지 www.sonyunhangil.co.kr
전자우편 hangilsa@hangilsa.co.kr
전화 031-955-2000   팩스 031-955-2005

관리이사 곽명호   영업이사 이경호   경영담당이사 김관영
편집 홍희정   마케팅 정아린   관리 이중환 문주상 이희문 원선아 이진아
디자인 창포 031-955-2097   출력 및 인쇄 예림   제본 예림바인딩

제1판 제1쇄 2023년 12월 20일

값 17,000원
ISBN 978-89-97313-77-8 77800

• 이 책은 신저작권법에 따라 보호받는 저작물입니다.
• 이 책의 내용 일부 또는 전부를 재사용하려면 반드시 저작권자와 출판사 양쪽의 허락을 받아야 합니다.
• 잘못 만들어진 책은 구입하신 서점에서 바꿔드립니다.